私が愛した映画たち

吉永小百合
Yoshinaga Sayuri

取材・構成　立花珠樹
Tachibana Tamaki

a pilot of wisdom

目次

第四章　声が出ない危機のさなかに出演――今も大事な渥美清さんの言葉――『男はつらいよ』

われを忘れて胸にしがみついた
無言の座り込み
演技はアンサンブルで作るもの
初めてのテレビドラマ出演はミュージカル
素晴らしかった『戦争と人間』
卒論は『縛られたプロメテウス』
一週間に八日働いた
役者なんて、さだめのないもの
予知能力がある？　山田監督
押しかけ女房なんです

傷をいっぱい持った人たちの優しさ
なんでこんなに優しいんですか?
プロじゃないんです
「ピカが憎い」と言えなかった

第七章　巨匠の魔法にかけられる――

一九八〇年代に四本の市川崑作品に出演
――『細雪』

ちょっとふくれたこともありました
自分の意地悪な表情に驚いた
〝性格の不一致〟がいい岸惠子さんとの関係
真剣勝負をして火花を散らしてみよう
映画館に通って七回観ました

はじめに

立花珠樹

この本の中には、吉永小百合さんがいる。

そう言ってもいいくらい、吉永さんの体温を感じさせるような言葉が詰まっている。

戦後という時代とともに歩んできた一人の女性の夢や挫折、転機や出会い、人生の道のりや時間が凝縮されている。映画デビューから六〇年目を迎え、一二〇本目の新作『北の桜守』では、強く美しい日本の母を演じた大女優の、溢《あふ》れるような映画への愛が伝わってくる。

本の中心になっているのは、二〇一六年の晩春から盛夏にかけて、何度も行った長いインタビューだ。『母と暮せば』の完成後で、『北の桜守』の撮影がまだ始まっていない、という絶妙のタイミングだった。この一部は、一七年一月から二四回続きの大型連載「私の十本　吉永小百合さんが語る」として共同通信社から記事送信し、四〇紙以上の全国の新聞に大きく掲載された。

最初のインタビューから約一年半、『北の桜守』撮影現場での取材や追加インタビューなどを続け、吉永さんから聞いた言葉を本にまとめたいと思ってきた。「振り返るのは嫌い」な吉永さんがこんなに率直に過去を語ってくれたのは、映画の世界に対する愛情に加え、次世代に対する使命感があってのことだ。それをかたちにして残すのが、自分の責務だと感じていた。

どうしても書いておきたいことがある。吉永さんの潔さだ。実は、インタビューで聞いたあるエピソードを、本を書く途中で勝手に忖度《そんたく》して割愛してしまった。それを知った吉永さんに「書いていいんですよ」と笑われ、自らを恥じながら、原稿に復活させた。インタビューを受けると決めたら「聞かれたことは何でも答える。答えたことは全部書いていい」というのが、吉永さんの一貫した姿勢だった。

そうした吉永さんとのキャッチボールを含め、長い時間をかけてこの本を作ってきた。その結果、〝きれいごとだけのスター本〟ではなく、何十年たっても読まれる本にできたのではないかという手ごたえはある。幅広い層、世代の人に読んでいただけるように願っている。

インタビュー中、しばしば聞き手の立場を忘れて、おしゃべりに熱中してしまう私に、耐えていただいた吉永さん、本当にありがとうございます。次は、今回取り上げそこなった『泥だらけの純情』や『風と樹と空と』や『時雨の記』などの話を聞かせてください。集英社新書の落合勝人さん、そのときはまた一緒によろしくお願いします。

序章
家計支えた子役時代
ラジオドラマから銀幕へ

『朝を呼ぶ口笛』

『朝を呼ぶ口笛』監督／生駒千里（1959年）　写真提供／松竹

吉永小百合さんの映画デビュー作『朝を呼ぶ口笛』は、一九五九年三月四日に公開された。新聞配達の少年が主人公のこの映画で、吉永さんが演じたのは、少年が新聞を配る一軒家に住む、白い犬を飼っているお嬢さんだ。

当時中学二年生で、公開日の九日後に一四歳の誕生日を迎えた吉永さんは、東京・新宿の映画館に行き、スクリーンの中で「猫背でやせっぽちの少女が現れ、恥ずかしそうに動いて」(吉永小百合著『夢一途』主婦と生活社)いるのを、何度も繰り返して観たという。

それから長い時間が流れた。青春スターから出発し、国民的大女優となった今でも、このデビュー作の「はつらつとしたお嬢さん」のイメージを変わらずに保っているのが、吉永さんの魅力だろう。

東大法学部卒業の父親とピアノ教師の母親を持ち、三姉妹の次女として、東京の渋谷区で生まれた。こうした家庭環境や持ち前の清楚《せいそ》な美しさから、吉永さんは実際の人生でもお嬢さん育ちで、その後も何一つ不自由ない順風満帆な人生を送ってきたと思われがちだ。だが、それは違う。子役から芸能界で働いてきたのは、実は一家の家計を支える必要があったためだ。

「幼いころ、本当に家に一粒のお米もない日がありました」と、吉永さんは苦しかった少女時代を振り返る。

立花珠樹

「映画俳ゆうになりたい」と作文

芸能界での初めての仕事は、小学校六年生のときです。ラジオ東京（現ＴＢＳラジオ）で新しく始まる連続ラジオドラマ『赤胴鈴之助』の子役を募集するオーディションがあって、それを受けたら、一万人の子どもの中から選ばれたんです。通ったのは、男の子二人と女の子二人で、女の子で選ばれたのは、藤田弓子さんと私でした。

後で聞いたら、上手なのは圧倒的に弓子ちゃんだったんですね。でも、そのとき募集していたのが、剣豪の千葉周作の娘の「さゆり」という役で、私もたまたま「小百合」という名前だったというラッキーもあったみたいです。審査員も、どっちにしようかとすごく迷ったみたいですけれど、結局、二人とも通って、私が「千葉さゆり」、弓子ちゃんが「しのぶ」という役をやることになりました。

私の声はすごく特徴があると言われるんですが、そのころは、高くてふわーっとした声でした。今とは全然違いますよ。ＴＢＳラジオには、きっとその当時の番組の録音が残っていると思います。

『赤胴鈴之助』はとても好評で放送がどんどん延長になって、約二年続きました。録音は週二回、夕方から明け方近くまで続くこともあって、最後の方はいつも眠くなったのを覚えています。そして、『赤胴鈴之助』が終わったら、同じ枠で『まぼろし探偵』というラジオドラマが始まり、それにも続けて出ました。オートバイに乗った少年探偵が主人公で、私は探偵を助ける「さくら」という名前の少女役です。ラジオに続き、すぐにテレビ映画の『まぼろし探偵』も始まり、同じさくら役で出たので、そちらの思い出の方が強いですね。ほとんど、東京近郊でのロケ撮影だったと思います。

そういえば、『赤胴鈴之助』も、ラジオドラマに続いて、テレビでもやったんですけど、それは生放送のドラマでした。私はラジオと同じ「千葉さゆり」役では出られなくて、ちょっとした役だったんですけど、一応レギュラーで出演しました。キャリアとしては、それがテレビ初出演ということになります。

ラジオ局に行くと、ときどき岸惠子さんや宝田明さんら映画スターを見かけることがあって、すごく憧れました。そんなこともあって、小学校の卒業記念文集の「私の将来」という作文に、「私は将来、映画俳ゆうになりたいと思う」と書いたんです。でも、それほどはっきりした目標を持っていたわけではありません。むしろ、淡い憧れだったように思います。

佐田啓二さんにドキドキ

でも、その二年後、憧れが実現しました。松竹の『朝を呼ぶ口笛』という作品で、映画に初出演することになったんです。

これもオーディションで選ばれたんですが、結構、いろんな偶然に助けられたようなところがあります。実は、『赤胴鈴之助』のときに、ふわふわする声だったので、もうちょっと、お腹から発声することが必要じゃないか、と自分で思ったんです。たまたま親戚筋に近い人がラジオ局にいて、その人に勧められて、ひばり児童合唱団を紹介していただきました。もちろん、実際に合唱団に入るわけにはいかないので、そこに来ている先生に、発声を教えていただいたんです。

そうしたら、ひばり児童合唱団の創設者で、合唱団を主宰していらっしゃった皆川和子さんが、松竹のプロデューサーの方とお知り合いで、今度作る『朝を呼ぶ口笛』で少女役を募集しているからどうだろう、というお話を持ってきてくださったんです。それで、松竹の方たちが、本（映画の脚本）を書いたりされる宿だったらしいんですが、銀座の歌舞伎座のそばにあった熱海荘という旅館に行って面接を受けました。その後で、撮影所にも行ったと思います。そんな感じでオーディションに合格して、初めて映画に出たんです。

撮影したのは、松竹の大船撮影所です。今はもうなくなってしまったけれど、素晴らしい撮影所でした。木がいっぱいあって、緑が広がっていて、広い敷地の中に、俳優さんたちの控室や製作部など、いろんな独立した建物があるのに、びっくりしました。

大船撮影所では、ちょうどそのころ木下恵介監督が『惜春鳥《せきしゅんちょう》』(59)という映画を撮っていて、この作品に出演されている佐田啓二さんが、撮影所の中を歩いていらしたんです。憧れのスターでしたし、ドキドキして見ていました。一三歳で、ちょうど、そんな時期だったんですね。『朝を呼ぶ口笛』には、楽しい思い出がいっぱいあります。

東京の代々木に住んでいたんですが、毎日、大船まで通うのは大変だということで、撮影所の近くの小さな旅館を宿舎にして、ほかの出演者の方たちと寝泊まりしました。助監督さんたちがかわいがってくれて、社員食堂でうどんをごちそうしてくれたり、立原道造や野村英夫の詩集を贈ってくださったりしました。主役の少年は、テレビの『まぼろし探偵』の主役をやることになる加藤弘君で、撮影が終わって宿に帰る途中、加藤君と一緒に、そのころはやっていた和田弘とマヒナスターズの『泣かないで』を歌ったのも、楽しい思い出の一つです。

高校入学と同時に日活に入社

そういう楽しいこともあったけれど、仕事が忙しすぎることの悩みもありました。

中学って義務教育なので、三分の一までしか休めないんですね。ラジオに加え、テレビにも出るようになって、特にテレビ映画は撮る時間が相当かかるから、もう出席日数がぎりぎりだったわけです。だから、高校に進んだら、学校にちゃんと行きたい、それで、高校を卒業した時点で自分の進路を決めたいという思いがどこかにあったんです。

ところが、私が中学三年生になったくらいのとき、東映の東京撮影所の助監督をしていて、ラジオの『赤胴鈴之助』のときも助言をしていただいた親戚の人から、ぜひ映画会社に入ったらどうかと、親のところに話があったんです。でも、東映の東京撮影所は女性が活躍できるような映画があまりないし、やっぱり京都の方がいいのではないかという話になったものの、親が「一人で京都に行かせるのは難しい」というので、日活に相談に行ったんです。

というのも、父の高校、大学の学友で親友の石神清さんという方が、当時日活の宣伝部長を務めていらしたからなんですが、父が相談に行ったら、うちに入ればいいんじゃないか、という話になって、私の意志とは全然関係がないところで、映画界入りの話がすすんじゃったんです。

もちろん、小学校の卒業文集にも「映画俳ゆうになりたい」って書いたくらいですし、『朝を呼ぶ口笛』で実際に知った映画の世界は、魅力的だったんですが、自分としては、戸惑いました。こんなに早く自分の進路を決めてしまうことへの不安というのもあったと思います。

受験勉強を必死で頑張って、希望の都立高校に合格できたので、母親に「高校は毎日きちんと行きたい」という気持ちをそれとなく伝えたんですが、母親から「学費ぐらいは自分で稼いでくれないと」と言われ、もう何も言えずに、結局、日活への入社が決まってしまったんです。

私は裕福な家で育ったと誤解されることもあるんですが、子どものころ、役人を辞めた父が出版事業に乗り出し、失敗して、家の中は火の車でした。借金取りや差し押さえの税務署員が家の中に入ってきて、幼い私は「なんて失礼な人たちなのだろう。よし、私がお父さまを助けてあげよう」とハタキを持って身構えた記憶もかすかにあります。「さゆり、新聞配達する」と母に迫って、なだめられたこともあります。

そんな事情があったので、私が子役で働くようになってからは、その出演料が家計の足しになったんです。もちろん、金額は知らないんですが、ラジオの出演料はかなりの額になったと思いますし、ラジオに出るようになってから、食卓のおかずが少し増えたのがとても嬉《うれ》しかったのを覚えています。

日活に入社したとき、月給が一万円で、一本出演すると二万円の出演料という条件でした。

普通の高校生ではとても稼げないすごいアルバイトですよね。あ、これなら上の学校にも行けると思いました。

第一章

ひたむきで健気なヒロイン

浦山桐郎監督との出会い

『キューポラのある街』

『キューポラのある街』監督／浦山桐郎(1962年)　(©日活)

吉永さんが一九六〇年春に入社した日活は、戦前からの歴史はあるが、戦後はほかの会社に遅れて映画製作を再開した〝若い会社〟だった。

入社直後、赤木圭一郎さん主演の『拳銃無頼帖 電光石火の男』(60)で日活第一作に出演した吉永さんは、初主演作『ガラスの中の少女』(60)の相手役、浜田光夫(当時は本名の光曠)さんとのコンビで人気を集め、またたく間に若手女優のエースになった。

浦山桐郎《きりお》監督『キューポラのある街』は、六一年の一二月二四日から翌年の二月一日にかけて撮影された。

早船ちよさんの同名の小説が原作で、当時は鋳物の町と言われ、キューポラ(溶銑炉《ようせんろ》)の特徴ある煙突が林立していた埼玉県川口市を舞台にした社会派ドラマだ。吉永さんは、鋳物職人の父親が会社をクビになり、全日制高校への進学はあきらめるが、前向きに生きようとする主役の中学三年生ジュンを演じた。

六二年四月八日に公開された『キューポラのある街』は、映画史に残る傑作となった。映画雑誌「キネマ旬報」のベスト・テン二位に選出され、カンヌ国際映画祭にも出品された。フランスの映画監督、フランソワ・トリュフォーさんが浦山監督との対談で「主役を演じた女優がたいへん見事でした」と称賛したことを、映画評論家の田山力哉さんが自身の著書『小説浦山桐郎——夏草の道』（講談社文庫）の中で記している。
日活入社三年目、この作品で、吉永さんは早くも国民的大女優への道を歩み始める。

立花珠樹

マリアさまみたいだった芦川《あしかわ》いづみさん

日活が戦後生まれ変わった新しい会社だったということは、とても大きかったですね。新人で入っても、上から押さえつけられるっていう感じはまったくありませんでした。みんなでワーワーと、前に向かって歩いていたっていう感じです。とにかくエネルギーがあって、明るくて、頭で考えるよりまず先に行動する。「なせばなる、なさねばならぬ何事も。活動屋に不可能はなし」って言葉があって、監督から大道具の助手さんに至るまで、皆そう思って仕事をしていたと思います。

撮影所は、今と同じ、東京の調布市にありました。私は当時住んでいたのが小田急線の代々木上原駅の近くだったので、小田急で和泉多摩川駅まで行ってバスに乗るか、京王線の幡ヶ谷《はたがや》駅まで歩いて、電車で布田駅まで行って撮影所まで歩くかの、どちらかだったんです。

布田駅から歩いていると、横をスターの車がブーッと通っていくんです。そのころは舗装もしてないから、土ぼこりが舞い上がる。それがおさまるまで、しばらく待ってから歩いていくんですが、中にはとても優しい方がいて、「乗っていきなさい」と車に乗せてもらえることもありました。

女優さん同士のライバル意識みたいなものも、まったくなかったんです。他社のお話はいろいろ伺うんですが、日活にはまったくそれはなかった。不思議ですね。

先輩の女優さんたちからも、親切にしていただきました。最初に演技のアドバイスをしていただいたのは、芦川いづみさんです。入社して二本目の赤木圭一郎さん主演の『霧笛が俺を呼んでいる』(60)で芦川さんと共演したとき、私の芝居をラッシュ(確認のための未編集段階での試写)で観てくださって、私が無意識に眉毛を上げ下げしてしゃべるところを指摘してくださり、「あれはしない方がいいわよ」と注意してくださいました。芦川さんが使っていた外国製の素晴らしいドーランを分けていただいたこともありました。撮影中は、同じシーンで出ることはあまりなかったんですが、芦川さんの演技をそばで見て、その演技を感じとることができました。柔らかい優しいお芝居をなさる方だったので、とても影響を受けました。芦川さんの作品は、田坂具隆《ともたか》監督の『乳母車』(56)や『陽《ひ》のあたる坂道』(58)を、中学生のころ観て憧れていましたが、実際にお会いしたら、マリアさまのような方でした。

浅丘ルリ子さんにも親切にしていただきました。浅丘さんはすごくやせていらっしゃるんですが、私もそのころやせていたので、浅丘さんが雑誌のグラビアで着た真っ赤なワンピースを「着なさい」って、譲っていただいたこともあります。私は新人で、撮影に使う服をまだそんなに持っていない時期ですから、助かりました。

北原三枝さんにお会いしたのは、石原裕次郎さんとの結婚を控え、日活をお辞めになる直前だったんですが、「あなた、頑張りなさいね」って言ってくださいました。その後、私の家にストーカーみたいな人が入ったときは、わざわざお手紙をくださって、「頑張って乗り越えなさい」と励ましてくださいました。

和泉雅子ちゃんとも、とっても仲がよくって、当時二人で目の見えない方たちのために「銀河鉄道の夜」を朗読したりしました。

貧乏について、よく考えてごらん

『キューポラのある街』の話があったのは、一九六一年の秋でした。直前に『黒い傷あとのブルース』(61)という小林旭《あきら》さんと共演する作品を撮影していて、私はバレリーナの役をやるために、毎晩バレエ学校に通って練習していたんです。そしたら、ある日、猛烈にお腹が痛くなった。病院に駆け込んだら、盲腸、今の言葉で言えば、虫垂炎と診断されました。薬で散らすという方法もあったのかもしれませんが、結構切羽詰まっていたらしく、すぐ手術を受け、一週間入院して、『黒い傷あとのブルース』の撮影現場に戻りました。

確か、その日の昼休みだったと思います。演技課長さんに食堂に連れていかれ、今村組のチーフ助監督の浦山桐郎さんを紹介されました。

今村昌平監督は有名でしたし、映画も拝見していました。そして、浦山さんが今村組のチーフということぐらいは知っていました。でも、お話ししたことは全然なかったし、このときが初対面と言っていいと思います。

浦山さんは、小柄でハンサムできりっとしているという印象でした。食堂で向かい合って座ると、いきなり「僕は今度初めて映画を撮ります。できればオーディションをして、一般の人を、素人の人を使って撮りたいんだけど、会社の上層部から吉永・浜田でやれと言われて、困っとるのよ。僕は二人を知らんから、一度会わせてくれと頼んだんです」と、おっしゃったんです。私は何にも言えなくて、ただ「そうですか」とだけ言うと、浦山さんは、じーっと観察しているような目で私を見つめて「もっと、ニンジンみたいな娘がいいんだけれど……。君は都会的だなあ、東京の出身か？」と尋ねられたんです。

ニンジンみたいっていうのは土の香りがするという意味なのかなとか、私は都会の香りがすると思われたのかなとか、頭の中ではいろいろ考えるんですが、結局、その場では、私は黙ってうなずいて、下を向いていることしかできませんでした。でも、しばらくして、正式に出演することが決まりました。もちろん、そのころの私に、作品を選択する権利なんてありませんし、監督がどんな思いで浜田さんと私の出演を決めたのか、よく分かりませんでしたが、すごく真面目な助監督さんなんだな、と好感を持ちました。

助監督さんもいろんな方がいるわけです。面白い藤田パキ（藤田敏八）さんとか、元気いっぱいの村川透さんとか、いろんな方とやりましたから。でも、浦山さんに会ったときは、こんな真面目な方もいらっしゃるんだ、と驚きました。

出演が決まった後、浦山さんとまた食堂でお会いしました。そのとき「貧乏について、よく考えてごらん」と言われたんです。

お話ししたように、私も幼いころから貧乏を経験してきました。小学生のとき給食費が払えずに、学校で催促されると「忘れてきました」と繰り返した苦い思い出もあります。だから、即座に「私の家も貧乏です。貧乏はよく知っています。私、自信があります」と答えたら、浦山さんは「君のところは、山の手の貧乏だろ、下町の貧乏っていうのがあるんだ」とおっしゃったんです。下町の貧乏ってどういうんだろうって思いました。貧乏は全部同じだと思っていたんです。

でも、映画を撮り始める前に「役について考えてみろ」と言われたのは初めてでしたから、一生懸命考えました。日活に入って、二〇本以上の映画に出ていましたが、二、三週間で一本の映画を撮る時代でしたからね。撮影が始まる一週間くらい前に、「はい、これに決まったよ」と言われ、「はい、衣装合わせ」という感じでやっていました。シナリオを渡されるのも、早くて、撮影の一〇日前くらいだったと思います。あのころ、どうやってせりふを覚えていたのか、今、その記憶がないんです。あれだけたくさんの作品に出ていて、しかも石坂洋次郎さんの原作ものなどでは、結構たくさんしゃべっているんです。でも、せりふ覚えに苦労したことは一度もない。睡眠時間も少ない中で、いつ覚えたんだか……。最近は、ああ、せりふを覚えるのが大変、なんてこともときどきあるんですが。

歌舞伎とか演劇の世界だと、まずせりふをしっかり覚えて、それを公演を何回も繰り返す間に、自分の中で保っていかなくてはならないけれど、映画ってそうではなくて、ぱーっとしゃべったら、そのまま消えていく。だからせりふは、感覚的に台本を読んで、ぱっと受け止めて、しゃべって、消えていくというものじゃないかな、と思いますね。

話は戻りますが、結局、浦山さんの「下町の貧乏っていうのがあるんだ」という言葉が分かったのは、撮影が始まってからです。そのころはまだ演技プランなんて考えたことはなかったんですが、監督の言葉はずっと頭の中にありました。そして、実際に鋳物工場にロケに行ったりしているうちに、だんだん、浦山さんの言いたかったことが分かるようになった気がしました。

役者っていうのは観察力なんだな

撮影が始まったのは、一二月だったと思います。ロケの初日の撮影は、いきなり、私が荒川の土手をぱーっと走るシーンから始まりました。「ヨシエちゃーん」と同級生を追っかけて、「今日からパチンコ屋（のアルバイト）をやめるわ。（店に）言っといてくれない」と頼むところです。盲腸の手術をしてからそんなにたっていなかったということもあるんでしょうか。走っているうちに、貧血を起こしちゃったんです。浦山さんは、何回もリハーサルをするという人ではなくて、演技がよければわりにすぐオッケーが出る監督さんなんです。このときもそう何度も走らされたわけではないんですが、酸欠みたいになってしまって、迷惑をかけてしまいました。

撮影中は毎日、早朝の電車に乗って、家から調布の撮影所まで行って、そこからロケバスに乗って川口まで行き、その日の撮影が終わったら、調布に戻ってくるという繰り返しでした。今みたいに高速道路がないわけですから、時間がかかって。夜は、撮影所から調布の駅までバスで送ってもらい、それから笹塚まで電車で戻ってくると、母が駅に迎えに来てくれました。

もちろん、徹夜したシーンは川口に泊まりました。後半の、川口駅前に大勢の人が集まって、北朝鮮に帰る人たちを「マンセー（万歳）」と送るシーンを撮るときは、泊まりでした。あれは、実際に北朝鮮に帰国する方たちも含め、一般の方が大勢出演して、そこに私たち俳優が合流するという大変なシーンだったんですが、監督がとっても手際よく撮りました。すごいです。現場で、そこにいる全員に不思議な一体感みたいなものができたのを覚えています。

やっぱり、脚本がよかったですね。今村さんと浦山さんが時間をかけて練り上げられた本だと思うので、現場で変わることも全然ありませんでした。

共演者の方たちも素晴らしかったです。お父さん役の東野《とうの》英治郎さんとは、たぶんこの作品が初めてで、その後『うず潮』（64）で私が林芙美子《ふみこ》をやったときにも、お父さんになってくださったんですが、そんなに共演は多くないんです。

優しい方でした。でも、殴られるシーンでは、本番のときに、思いっきり殴られました。すごいな、と思いました。映画の中では、酔っぱらいのお父さんなんですが、東野さんは本当はお酒は飲まないんです。なのに、酔っぱらいの芝居がすごくお上手なんです。

三國連太郎さんも同じようにお酒を飲まなかったと思いますが、東野さんを見ていて、役者っていうのは経験ではないんだな、観察力なんだなと実感しました。泥棒しなきゃ泥棒の役ができないのではない。観察力があれば、本物のように感じさせる演技ができるんだと、そのときに感じました。

『キューポラのある街』の撮影中に、東野さんから「君は大人になっても、真っ赤に爪を塗るような女優になっちゃだめだぞ」と言われたんです。それがとても印象に残っています。共演できたのは、最高でした。

浜田光夫さんのことは、次の『愛と死をみつめて』（64）のところであらためて話すことにして、『キューポラのある街』の「よしろう」（ジュンの弟タカユキ役の市川好郎さん）はうまかったですね。生意気だけど、かわいくて、見事な芝居をしたんですけど。大人になって、ちょっと羽目を外しすぎたんでしょうか？　早くに亡くなってしまったのが、残念です。

この映画の中のジュンは、お父さんを叱り、弟を叱り飛ばします。小学校までの私とそっくりです。天真爛漫《てんしんらんまん》というか、三姉妹の次女だけど次男みたいでしたし。年が六つ離れている姉は、勉強がすごくできて、性格も少し違うんです。妹は一つ半下なんですけど、もうべったり私についてきてましたから。

ジュンの中学校の先生役の加藤武さんの演技も心に残っています。

加藤さんは、大学を卒業した後、実際に先生をしていらしたことがあるんです。だから先生役がものすごく自然で、黒板に白墨で書いた後、白墨の粉を払うシーンなんか、本当の先生がそこにいるようでした。

映画の中で、家が貧しくて、上の学校に進むかどうかをすごく悩んでいるジュンに向かって、加藤さん演じる先生が「何でも困ったことがあったら、先生に言うんだぜ」というせりふがあるんです。胸にジーンと響く一言でした。

『キューポラのある街』の撮影が終わった後、本当に疲れちゃって、たぶんエネルギーを出しきったみたいなことだったと思うんですけれど、次の映画に入る前に、風邪をひいて、珍しく撮影を休んじゃったんです。何日か寝込んでいたら、浦山監督がお見舞いに来てくださって、「何でも困ったことがあったら、先生に言うんだぜ」と、映画の中の先生のせりふを、私に言ってくださったんです。それはとても思い出に残っています。そして、ハイドンの弦楽四重奏曲「ひばり」のレコードをプレゼントしてくださいました。

そのとき、初めて、ああ作品がうまくいったんだなあと感じて、とても嬉しかったですね。一緒に一つのものを作ることができたという満足感みたいなものがありました。

今、振り返ると、あのころの浦山監督は、ほんとに「映画青年」という感じでした。作品も、それまで私が出ていた青春映画とはちょっと違う社会派の目みたいなものを感じました。

浦山さんにはお酒に関する逸話がたくさんあるんですが、『キューポラのある街』の撮影時は私は一六歳でしたし、一緒にお酒を飲むなんてことも一切なかった。だから、本当のことは知らないけれど、そのころの浦山さんはそんなにお酒を召し上がっていなかったのではないか、と思っています。

浦山さんとはその後『青春の門』（75）『龍の子太郎』（79、声の出演）『夢千代日記』（85）で仕事をしていますが、浦山さんに対する思いを一言で言うなら、『キューポラのある街』という作品に、私を出演させてくださった大恩人だということです。この前の日曜日に久しぶりに『キューポラのある街』を観て、若い人たちにもぜひ観てほしい、と思いました。あの時期だからできた映画だけれども、日本の歴史の中でこんな時期があって、貧しいけれど、何とか希望を持っていこうとした人たちがたくさんいた、それを知ってほしい、分かってほしい、と思いました。

私は、常にあの映画を超えようと思って、次の映画に出ているんですけど、今回見直して、これはなかなか超えられないな、とあらためて思いました。それほど素晴らしい映画だと思います。

第二章

役を演じるのではなく、「ミコ」になりきった

原作に感動、自ら映画化を希望

『愛と死をみつめて』

『愛と死をみつめて』監督／齋藤武市（1964年）（©日活）

『愛と死をみつめて』は、東京オリンピックを三週間後に控えた一九六四年九月一九日に公開され、日活史上、興行成績ナンバーワンを記録する大ヒットとなった。

原作は、六三年暮れに大和書房から刊行された大島みち子さんと河野実《こうのまこと》さんの同名の往復書簡集だ。軟骨肉腫に侵された大島さんが同年八月、二一歳で亡くなるまでの丸三年間に「ミコ」「マコ」と呼び合って交わした四〇〇通に及ぶ手紙が収められている。

書簡集は一四〇万部を売り上げるベストセラーになり、六四年一月にラジオドラマ、四月にはテレビドラマになった。映画化は、原作を読んで感動した吉永さんが「どうしてもやりたいと会社にお願いした」ことから実現した。

メディアミックスという言葉が広まっている現在では「出版↓ラジオ↓テレビ↓映画」という流れはごく自然に感じるが、当時の日活社内には「テレビと同じものを映画でやるのはどうか」という反対意見があった。だが、『キューポラのある街』で大ヒットを飛ばした吉永さんが、その後も、石原裕次郎さんと共演した『若い人』(62)、浜田光夫さんとのコンビの『青い山脈』(63)『泥だらけの純情』(63)『潮騒』(64)、高橋英樹さんとの『伊豆の踊子』(63)など、話題作に次々と出演し、名実ともに日活青春映画路線の看板スターとなっていたことが、映画化を後押しした。

監督は、小林旭さんの『渡り鳥』シリーズなどで知られる齋藤武市《ぶいち》さん。助監督時代、松竹大船撮影所で小津安二郎監督に師事したという持ち味をフルに発揮し、叙情性溢れる作品に仕上げた。

立花珠樹

見直して、泣いてしまった

自分で言うのも恥ずかしいんですけど、今回『愛と死をみつめて』をＤＶＤで見直して、泣いてしまいました。年を重ねて分かる、感じることってあるんですね。お父さんやみち子さんの心情が、あのころよりもっと分かるようになって、つらくてたまりませんでした。大島みち子さんという方の優しさと強さをあらためて感じましたし、お父さん役の笠智衆《りゅうちしゅう》さんの芝居にも感動しました。

映画化のきっかけは、みち子さんと河野実さんの往復書簡集『愛と死をみつめて』と、直後に刊行された『若きいのちの日記』（大和書房）というみち子さんが書かれた手記を読んだことです。特に『若きいのちの日記』に大変感動したので「何とか、これをやりたい」と会社に申し上げたんです。でも、四月に、山本學《がく》さんと大空眞弓さんのコンビでテレビドラマになり、それが非常に好評だったので、同じものを映画とテレビでやるのはどうか、という話もあったみたいです。結局、何とか取り上げられて実現しましたが。

あのころは、一年に十本前後も映画に出ている忙しい時期でしたが、本は結構読んでいました。仕事で学校に行けない分、文学作品を読んでカバーしようという気持ちがあって、外国の古典文学をよく読みました。

そのころ助監督に斎藤光正《こうせい》さんという方がいらして、後に監督になられて『戦国自衛隊』(79)などをお撮りになった方ですが、斎藤さんが「小百合ちゃんはこういうものを読んだ方がいいよ」と言って、トルストイの『アンナ・カレーニナ』とかモーパッサンの『女の一生』とか、女性を主人公にした小説を推薦してくれたんです。そうした小説の文庫本を買って、撮影の待ち時間を利用して読んでいました。

私は高校を卒業していません。芸能活動のかたわら、受験勉強を一生懸命やって都立高校に受かったんですが、入学と同時に入社した日活の仕事が忙しくて、なかなか学校に行けず、体育の単位が取れなかったんです。一年生の二学期が終わった後、母が担任の先生に呼び出され「ほかの科目は試験の結果や補習で補えることもあるが、体育はどうしようもない。このままでは進級できない」と言われて、二年生から私立の女子校に転校したんです。でも、小学校からずっと男女共学だったので、女子校という環境になじめなくて……。結局、一九六三年の春に〝推薦校友〟というかたちで、卒業証書をもらうことなしにその学校を出たんです。その年に、大学入学資格検定を受けたんですが、物理の試験に失敗して、翌年再挑戦することにしました。『愛と死をみつめて』の企画や撮影は、ちょうどそういう試験勉強の合間の時期だったので、映画に集中できたのかもしれません。

撮影が始まったのは夏でした。八木保太郎さんの脚本です。八木さんは戦前から活躍されている大ベテランの名脚本家で、今回見直したときも、本が素晴らしいと思いました。まず、ロケからスタートし、京都の同志社大学へも行きましたし、大阪では大阪大学医学部附属病院など、いろんなところで撮影しました。みち子さんの故郷の兵庫県西脇市には、撮影するシーンがなかったので行けなかったんですが……。

この映画は、ほぼ順撮り（脚本に書かれた順番通りに撮影していく方法）だったと記憶しています。後半は病室の中のシーンがほとんどなので、それをセットでじっくり撮りました。病気が進行し、だんだんやつれていくのを表現するために、順撮りの方がやりやすかったですね。

齋藤（武市）監督の作品には、これ以前にもずいぶん出演させていただいています。最初が宍戸錠《ししどじょう》さん主演の『ろくでなし稼業』（61）で、その後『若い東京の屋根の下』（63）『波浮の港』（63）『浅草の灯 踊子物語』（64）、それから『愛と死をみつめて』です。日活に入った最初の年は作品がなかったんですけど、次の年からは、しょっちゅう出演していました。日活時代は、齋藤さんと西河さん（西河克己監督）が、圧倒的に多いですね。齋藤さんは全部で一四本ですか。確か、西河さんも同じ一四本だったと思います。

齋藤さんは、優しい穏やかな監督さんなんです。声を荒らげたりすることは一切ない。細かくいろんなことをおっしゃるのではなく、流れはだいたいこうなんだよと説明してくださって、やりやすいような雰囲気を作ってくださる方でした。撮影に入っても、リハーサルをそんなに何度もやるわけではなくて、流れですっとやっていくというスタイルでした。もちろん、好きな監督さんの一人ですし、やっぱり、この作品が一番心に残っています。

浜田光夫さんは同級生みたい＋初恋の思い出

「マコ」をやった浜田光夫さんは二歳年上ですが、本当に仲のよい同級生という感じでした。初めて共演したのは、若杉光夫監督の『ガラスの中の少女』です。私の初めての主演作品なんです。有馬頼義《よりちか》さんの短編小説が原作で、町工場で働く少年と女子高生が、純愛を貫いて心中する物語でした。浜田さんに初めて会ったときに、目がバンビのように涼やかだなあと思ったことを覚えています。小学生のころから映画に出ていらしたというだけあって、演技がしっかりしているのに驚きました。

浜田さんとは、全部で四四本もの作品で共演しています。ものすごい数ですね。浜田さんがどこかで、私たちのコンビを野球に例えて「吉永さんがピッチャーで、僕はキャッチャー」とおっしゃっていたそうですが、まさにそうだと思います。私は直球しか投げないピッチャーで、浜田さんは非常に優秀なキャッチャーでした。感覚的にとても優れていて、常に安定した力を発揮できる方で、私がどんな球を投げても受け止めてくれる感じでした。

忙しいころは、一年間で会わない日が数日しかない、というくらい顔を合わせていましたけれど、〝男性〟という意識はなく付き合っていました。あのころも今も「はまやん」「さゆりちゃん」と呼び合っています。

私は結構、そういう付き合いの男性の友人がいます。小学校の同級生の男の子とも、今でも大切な友達として付き合っていますし。――初恋といえば、恋っていうほどのものではなく、恥ずかしい話ですが、小学校五年生のときに、転校してきた男の子がいて、その子にみんなの前で「〇〇君好きよ」と言っちゃったんです。

五年生のときに新しく入ってきたから、一年生のときから、石けりや縄跳びや鬼ごっこで遊んでいた男の子たちとは違って見えた、今思うと、ただそれだけかもしれません。それくらい開放的な初恋でした。その子とは、今でもクラス会で会いますし、仲良しですよ。後は、中学校に入って、サッカー部を指導する先生に憧れて、キャンプファイヤーを一緒にやったときに、ドキドキしたのを覚えています。

浜田さんのことに話を戻すと、コンビの作品の中では『キューポラのある街』と中平康《なかひらこう》監督の『泥だらけの純情』と、この『愛と死をみつめて』の三本が大好きです。『キューポラのある街』では、私を心配してくれる兄貴分の幼なじみ、『泥だらけの純情』では私がやった外交官の令嬢と恋をするチンピラ、『愛と死をみつめて』では難病と闘う主人公を愛する大学生と、いろんな役を演じているんですが、どれも名キャッチャーでした。やっぱり、どんな役をやっても安定しているのが「はまやん」の特長です。

『愛と死をみつめて』では、齋藤監督が、とっても温かく私たち二人をサポートしてくれて、いいかたちで演出してくださいました。

女・笠智衆になりたい

お父さん役の笠智衆さんとは、これが初めてだったんです。笠さんがこの映画に出演されたのは、松竹出身の齋藤さんの人脈でしょうね。

笠さんは本当に優しい方でした。もちろん、笠さんと二人の芝居はとてもいいコミュニケーションでやれたんですけれども、お一人の芝居にも感動しました。

例えば、私（ミコ）が手術で顔を大きく切り取らなければならないことを病院で相談した後で、お父さんを大阪駅に送りに行くシーンがあります。列車に乗ったお父さんに、私が手を振ると、お父さんも笑顔で手を振る。その後、列車が走り出して一人になった笠さんは、手をさりげなく顔に持っていくんです。娘に対する思いを、全部そこで表現されるんです。せりふはまったくないんですが、その芝居がもう素晴らしくて、今回見直したときも、また「いやあすごいなあ」と感心しました。

私はあのとき、いつか「女・笠智衆になりたい」と思って、それ以来、今でもずっと言い続けているんです。それで山田洋次監督に、よく笑われますけどね。本気なんです。

笠さんのように、せりふがなくても、例え背中だけでも、いろんなことが表現できるような俳優に究極的にはなりたい、と思っているんです。それほど、初めて共演した『愛と死をみつめて』での印象が強いんです。

笠さんという方は、大ベテランですが、威圧的な感じはまったくなかったです。普段も、映画の画面で観るそのままの方です。ただ、『愛と死をみつめて』の撮影中に、一つだけよく覚えているのは、佐田啓二さんが信州の蓼科《たてしな》高原の別荘から東京に戻る車で事故に遭われて、お亡くなりになったとき（一九六四年八月一七日）のことです。佐田さんとは小津さん（小津安二郎監督）の映画でもずっとご一緒に出られていましたし、笠さんも蓼科に別荘をお持ちになっているように、とても親しい関係だったんです。そばで見ていても、そのときの笠さんの落ち込み方はひどくて、さぞかしおつらいんだろうなと思いました。

笠さんとは翌年、西河監督の『四つの恋の物語』(65)で、また親子役をやりましたし、その後何本もの映画で共演しています。だいたい親子役です。最後はテレビでした。山田太一さんの『春までの祭』(89、フジテレビ)という作品で、私が最後に出たテレビドラマです。山田さんとも初めてのお仕事でしたけど、これが笠さんの最後のテレビ出演になるということだったので、出させていただきました。私の夫役が藤竜也さん、笠さんは夫のお父さん。だから嫁としゅうとの関係でした。『愛と死をみつめて』のときと同じように、とてもいいコミュニケーションでお芝居がやれたと思います。

笠さんは、熊本生まれ(熊本県玉水村=現・玉名市)で、常に熊本弁なんです。それがまた素敵でした。そういえば『愛と死をみつめて』は、私にとっては初めての関西弁の映画だったんですが、お父さんは熊本弁でした。それが全然違和感がない。さすが笠さんですね。

歌詞を大事に、と吉田正先生に指導される

この映画の中では、仲宗根美樹さんが歌った『川は流れる』を、病院の屋上で浜田さんと歌

ったのが印象に残っています。自分で選んだわけではないんですが、そのころはやっていて、好きな歌だったんです。

この前、見直すまでは、『寒い朝』（西河克己監督『赤い蕾《つぼみ》と白い花』〈62〉の主題歌。和田弘とマヒナスターズと共演し、吉永さんのデビューシングルとして一九六二年四月に発売され大ヒット。吉永さんはその年のNHK紅白歌合戦に初出場しこの歌を歌った）を劇中で歌っていたのは、忘れていました。自分の歌で歌い慣れていたせいでしょうか。

もちろんこの映画の主題歌（佐伯孝夫作詞、吉田正作曲『愛と死のテーマ』）も歌っています。あのころは、必ずと言っていいくらい、主演した映画で主題歌を歌っていました。歌はだいたい、撮影が始まる前に録音するんです。というのは、そのころの映画は二週間くらいで撮って、すぐ仕上げて封切りになるんですけど、レコードはそんなに早くはできないんです。でも、映画が封切りになる前に、レコードをリリースしなければならないので、いつも二か月くらい前には録音していたと思います。

『愛と死をみつめて』は撮影期間が普通の作品より長くて、三週間くらいかかったと思いますが、これも、歌は撮影が始まる前に録音したはずです。

母親がピアノを教えていましたし、私も中学までほとんど独学でピアノをやっていましたけれど、歌は本格的には勉強してないんです。小学校低学年のときに、児童合唱団に入って、週一回くらい、一、二年通っていたことがあって、NHKラジオで『七つの子』を独唱したという思い出があるんです。でも、その後は歌はやってない。中学生のころ、ラジオに出ていて、お腹から声が出ていないので、クラシックの発声を習ったこともありましたが、あれも、俳優としてせりふをしゃべるための訓練でしたから。

ところが日活に入ると、赤木圭一郎さんも、石原裕次郎さんも、小林旭さんも、男優は皆さん主題歌を歌っている。それで、会社の上層部の方が、まだ女優は誰も歌ってないが歌わせたらどうか、ということになったらしいんです。で、レコード会社は、裕次郎さんがテイチクで、小林さんがコロムビアだから、ビクターはどうだろう、ということで……。もう、いいかげんなんです。

そこで、ビクターで一番の作曲家は吉田正さんだから、と私が面接に伺い、吉田さんが私の歌を書いてくださるということになりました。最初に作ってくださったのは、石坂洋次郎さんの原作で西河さんが監督の『草を刈る娘』(61)の主題歌です。

撮影が終わった後、夜、吉田先生のお宅に伺ってレッスンを受けました。先生がピアノを弾いてくださって、『北上夜曲』という曲で練習しました。「匂いやさしい……」で始まる有名な曲です。

私が歌はうまくないのを先生はよくご存じだから、あまり細かいことはおっしゃらない。ただ「歌詞を大事にしてほしい」ということをきつく指導されました。歌詞があいまいになるようなときは、「そりゃ違うよ」とはっきり言われましたが、多少音程が上ずったぐらいなら「勢いがあるからいいんだ」と言われることもありました。レコーディングのときも立ち会って、アドバイスしていただきました。今、あのころの歌を聴くと、先生の言葉を思い出してとても懐かしいです。

当時のレコーディングは全部オーケストラと一緒にやっていたんです。しかも後で加工しないんで、勢いとか臨場感みたいなものがありますね。今は「あっ、ここはだめだ」って、細かくつぎはぎしちゃいますから。

今日一日、みち子になってください

今、振り返っても、この映画は特別でした。当時は、年間に十本前後もやってますから、映画に出るのが、坂東玉三郎さんが「舞台に出ることはご飯を食べるのと一緒」っていうふうにおっしゃっていた感覚に近かったんです。

だけど、この映画は、自分が思い込んで会社にやらせていただいたということもあるし、大島みち子さんの本を読んで、彼女の「生きよう」という気持ちに心酔したということもあって、この役になろうとか、そういうことを一切考えないで、入り込んじゃったんです。みち子さんの思いが詰まっている『若きいのちの日記』も、何度も繰り返して読んで頭の中に入っていたので、あえて、役になろうと気持ちを込めなくてもよかった。

みち子さんは、実際は私より三歳上で、二一歳でお亡くなりになったんですが、『キューポラのある街』のジュンとはまた別の意味で、私のすぐ近くにいる人、と感じました。彼女は、私なんかが想像できないような厳しい環境の中で、自分を見つめ、生きる決断をして、最期まで病気と闘った人です。私は、そんな彼女に憧れる気持ちでいっぱいで、あんまり、役を演じてなかったかもしれない。とにかく、この映画の間は、役に本当に入り込んでいたから、演技の悩みはまったくなかったです。

眼帯をして演技するのが難しくなかったかと聞かれたことがありますが、全然感じませんでした。実は、私は相当な近眼なので、普段からそんなに見えてないから大丈夫だったのかもしれません。眼鏡をかけてないと、普通に会話している相手の顔がちょっとぼけてしまうときもあるくらいですが、もしはっきり見えちゃうと、ラブシーンなんかとてもできなかったんじゃゃないかな、と思います。浦山（桐郎）監督の『青春の門』のときに一度だけ、監督と相談してコンタクトを入れたんです。ボタ山のところで芝居したり、炭鉱に入ったり、激しい芝居をやるからきちんと見えた方がいいんじゃないかと思ったんです。そしたら、痛くて痛くて、それに見えすぎて疲れてしまって、すぐ外しました。それ以降、コンタクトは使っていません。普段の生活では眼鏡をかけています。

『愛と死をみつめて』では、忘れられない大切な思い出があります。映画が公開された後、みち子さんのおうちに泊めていただいたんです。お母さんから「今日一日、みち子になってください」と言われて、お父さん、お母さん、妹さんとお食事をして、みち子さんが生前着ていらした着物を着て、みち子さんのお部屋で寝ました。そして次の日、西脇市内に流れる加古川の土手を、妹さんと二人で歩きました。そのとき、映画の中でも歌った、西脇高校の校歌を妹さんと一緒に歌ったんです。本当に貴重な体験をさせていただきました。

一九六〇年代後半になると、テレビに押されて映画作りがだんだん厳しくなっていき、日活の青春映画も難しくなりました。そういう意味では、『愛と死をみつめて』は、まだ日本映画が元気だった一九六四年という時代が作らせてくれたのかもしれません。

『愛と死をみつめて』が封切られてすぐ、私はフジテレビのドキュメンタリー番組でヨーロッパに行ったんです。大ヒットしていると聞いていましたが、一か月後に帰国したら、まだ上映が続いていて、すごくにぎわっていました。あのころは普通、映画は公開されたら二週間で終わり、次々に新しい作品に代わっていたので、上映が延長されているのに驚いたことを覚えています。

第二章

広島の若く悲しい恋人たちの物語

核なき平和な世界願う原点に

『愛と死の記録』

『愛と死の記録』監督／蔵原惟繕（1966年）　（©日活）

広島で被爆した青年とその婚約者の悲劇を描いた『愛と死の記録』は、大ヒットした『愛と死をみつめて』から二年後の一九六六年九月一七日に公開された。

吉永さんにとって、原爆をテーマにした初の作品で、ライフワークとして取り組んでいる「核なき平和な世界」を目指す活動の原点になった重要な作品だ。

ノーベル文学賞作家の大江健三郎さんが『ヒロシマ・ノート』(岩波新書)に記した短いエピソードが基になっている。——四歳の夏に被爆した青年が一〇代後半で白血病を発症するが、治療が成功すると、病歴を秘して印刷会社に就職する。そして「ひとりの娘と愛しあうようになり、婚約した」。だが、直後に病が再発する……。

この実話に、劇団民藝の大橋喜一さんと、小林吉男さんが肉付けし、「幸雄」「和江」という若く悲しい恋人たちの物語として脚本を完成させた。

監督の蔵原惟繕《くらはらこれよし》さんは、石原裕次郎さん主演の『俺は待ってるぜ』(57)でデビュー。『憎いあンちくしょう』(62)など、石原さんと浅丘ルリ子さんコンビの作品や、『南極物語』(83)などの大作で知られる名匠だ。

幸雄役に予定されていた浜田光夫さんが、撮影直前に右目に大けがをしたため、前年、宍戸錠さん主演の『あばれ騎士道』(65)でデビューしたばかりの渡哲也さんが大役に抜擢《ばってき》された。

そんなアクシデントを乗り越え、映画は見事な出来栄えに仕上がったが、そこで「信じられない事態」が起きた。日活首脳部が、被爆者の顔のケロイドの場面などを削るように命じたのだ。「原爆をテーマにした映画を作っていて、何故原爆ドームがいけないのでしょうか。ケロイドの顔を拒否するのでしょうか」。吉永さんは八八年に出した『夢一途』でこう問いかけた。その問いは今も吉永さんの胸で生き続けている。

立花珠樹

今回は私がキャッチャー役

この映画は、劇団民藝の映画部門だった民藝映画社の大橋喜一さんという方が脚本を書かれて、やはり民藝映画社の大塚和《かの》さんがプロデューサーをされた作品です。大塚さんは力がありました。社会派のプロデューサーとして、『豚と軍艦』(61)や『にっぽん昆虫記』(63)をはじめとする今村昌平監督作品や、浦山(桐郎)さんや熊井啓《けい》さんの作品を作った方です。『キューポラのある街』も、もちろん大塚さんの企画でした。

もともと浜田光夫さんと私でやる予定でした。そしたら直前に、浜田さんが名古屋のクラブで、居あわせた客に襲われて目にけがをし、出演が不可能になったんです。失明の恐れもある大けがでした。

直前に一緒に出た『私、違っているかしら』(66)のラストシーンで、学生運動家の役だった浜田さんは「じゃ、俺、名古屋に行ってくる」と言って大学のキャンパスを去るんです。その後、次の仕事にかかるまでの間に名古屋に行って、七月二五日の未明に大けがをしたんです。彼自身は、けんかをするような人ではまったくないんですが。

知らせを受けて、何日か後に名古屋の大学病院に駆けつけました。浜田さんは顔中ぐるぐる巻きに包帯を巻かれて、ベッドに横たわっていました。途方に暮れて、回復を祈るしかできませんでした（浜田さんは失明を免れたが、その後一年間の休業を余儀なくされるほど重いけがだった。齋藤武市監督『君は恋人』〈67〉で復帰、以後は主に脇役として活躍する）。

その時点で、『愛と死の記録』のクランクインも迫っていて、一時は企画が暗礁に乗り上げそうになったんですが、渡哲也さんで代役をということが決まり、予定通りの日程で撮ることになりました。

渡さんとは、共演したことはまったくなかったし、どんな方なのかもほとんど知りませんでした。最初にお会いしたのは、東京の日活撮影所での衣装合わせのときです。初めてご挨拶して、「いい感じだな」と思いましたが、寡黙な方なので、撮影前にはほとんどしゃべることはありませんでした。

もちろん、そのうちに、青山学院大学で空手をやっていらしたとか、航空会社の就職試験を受けたとか、もともと役者志望だったわけではないとか、浅丘ルリ子さんの一〇〇本記念映画の相手役募集に弟の渡瀬恒彦さんが渡さんに内緒で応募したとか、いろんなお話が伝わってきました。でも、いずれにしても、映画の世界に入ったばかりで、しかもアクション映画がほとんどということなので、浜田さんとのコンビのときにはピッチャーだった私が、今回はしっかり渡さんの球を受けなきゃいけないな、と思いました。

浜田さんなら、もう気心が知れてて、いろんなことを考えなくても、すっと役に入れる。どんな作品でもそんな感じでしたから、そこは緊張しました。

実は『愛と死の記録』の撮影前に、もう一つ問題があったんです。私が二十歳《はたち》を過ぎたころからマネージャーを務めるようになっていた父が、私の女優としての可能性を広げようとして、松竹などよその会社への映画出演を認めてほしいと、日活と交渉していたんです。それがちょっともめていたんです。自分ではそういう交渉の場に一切立ち会っていないので詳しくは分からないのですが、そのごたごたの影響で、『愛と死の記録』のとき、皆はもう広島ロケに行っているのに、私は何日か遅れて行ったと記憶しています。

実写部分は、原爆の日の八月六日に開かれる平和記念式典から撮り始め、八日にクランクインしたと記憶しています。私は数日遅れで広島に入りました。一か月余りかけて撮って、九月一二日にクランクアップ。試写が一六日で、封切りが一七日です。今、この日程を見ると、スピードの速さに驚きますが、当時はこれが普通でした。

蔵原さんってしつこいんです

蔵原惟繕監督とは、日活に入って二年目に、浜田さんとコンビの『この若さある限り』（61）という作品に出て、ずいぶんしごかれました。アフレコで声を入れるときに、「いや、違う」って言われて、二〇回くらいやり直させられたことがありました。

日活の監督さんでは珍しいタイプです。『愛と死をみつめて』の齋藤（武市）さんと違って、蔵原さんはしつこいんです、常に。

怖くはないんです。現場で怒鳴ったりはしない。じっくり考えて、作品をご自分のイメージに近づけようという思いの強い監督さんだったと思います。裕次郎さんと浅丘ルリ子さんの『憎いあンちくしょう』で分かるように、感覚派でいらっしゃったんですね。

この映画でも、リハーサルがすごかったんです。毎日、早朝から夕方までロケ撮影し、旅館に引き揚げると、食事後三〇分で大広間に集合して、リハーサルが始まるんです。翌日撮る分をほとんど全部、前の日にリハーサルでやっておくんです。

それは、やっぱり疲れますよ。それでも私はまだ慣れてますから平気なんですが、渡さんは相当お疲れになったと思います。それまで出たアクション映画では、こういうリハーサルはやっていなかったでしょうし……。ある日、渡さんがリハーサルの時間になっても現れないんで、みんなで「どうしちゃったんだ」と探したことがありました。そしたら、自分の部屋の押し入れの中に隠れて、寝込んじゃってたんです。そんなエピソードもありました。

とにかく、私にとっても、ゆるめるところがない映画でした。ほとんどがロケで、ドキュメンタリーのような感じで、現場で隠し撮りのようなかたちで撮っていったので、普通の映画よりずっと緊張感がありました。

映画の最初で、渡さんと待ち合わせるシーンがあるんですが、市電やら車やら通行人やらが行きかっているところに、渡さんと二人でぽんと行って芝居をするんです。当然、現場ではスタッフが人の流れを止めたり、エキストラの方も入っているんですが、市電や車は止めず、むしろそれを生かして超望遠レンズで撮っているんです。

街中の撮影では、通りかかった車やバイクの運転手さんが、何をしてるんだろうな、と渡さんと私を見ていくこともありました。

姫田のおとうちゃんがさえてた

とにかく撮影の姫田真佐久《しんさく》さんのカメラワークが、さえにさえていました。

姫田さんはそのころ五〇歳近くで、私たち若手の俳優やスタッフは「姫田のおとうちゃん」と言っていましたけれど、なかなかおしゃれで、かわいらしい方でした。最初は舛田《ますだ》利雄監督の『太陽は狂ってる』（61）で一緒だったでしょうか。『キューポラのある街』も、カメラは姫田さんでした。

早稲田大学の入学資格検定に合格して、『愛と死の記録』の前の年に私が早稲田の第二文学部に入ったとき（一九六五年四月）、姫田さんのお嬢さんも同期で入学したので、なおさら仲良くなっていたんです。

『愛と死の記録』は、いい場面が多いですね。渡さんと私がけんかして、私が雨に濡れながら独りで歩いていると、渡さんが追っかけてくる。その後ろに蒸気機関車（ＳＬ）が煙を吐きながら走ってくる。あれは、映画のためにＳＬを走らせたんではなくて、ＳＬの時間を調べて、それに合わせて芝居をしたんです。あのシーンは、確か一回でうまくいったと思います。計算がきちんとできているんです。

『キューポラのある街』でも、京浜東北線の電車が走るのを背景にして、荒川の土手でヨシエちゃんという役の女の子と芝居をするシーンがありました。あのときは、最寄りの駅に配置しているスタッフから無線で連絡を受けて、撮ったんです。ああいう撮影のときに、もし芝居がうまくいかないと大変ですから、演じる方も緊張しました。

ナイターをやっている広島市民球場の近くを私と渡さんが歩く場面は、球場の照明だけで撮影しているんです。ナイターのスケジュールに合わせて、あの場面は撮影したんです。

原爆ドームの中や、平和記念公園の中は、何度もリハーサルをするわけにはいきません。だから、周到に準備をして、旅館でリハーサルを繰り返してから、撮ってるんです。この映画は確か、パキさん（藤田敏八監督）がセカンド助監督でついてたと思うんです。チーフは、木下喜源さんという超優秀な方でした。素晴らしい映像が撮れたのは、そういう助監督さんたちの力もあると思います。

姫田さんは亡くなりましたが（一九九七年、八〇歳で没）、もしご存命だったら、あのＳＬのシーンなんか、どうやってプランを立てて、どうやって撮ったんですかって聞きたかったですね。光の計算やアングルについても。

われを忘れて胸にしがみついた

映画の中で、渡さんの運転するバイクに二人乗りする場面があります。あのころは、ヘルメットをかぶってなくてもよかったんです。あの場面は、目が開かないくらいに雨が降っていますが、あれは「雨降らし」といって、スタッフがホースで雨を降らせているんです。今だったら、後でＣＧで大雨にしておきますということですむんですけど。

当時は、私も映画の中で、何度もバイクの運転をしているんです。けがもしました。日活撮影所の倉庫でバイクの練習をしていて、赤木（圭一郎）さんがぶつかったところと同じ場所に衝突したこともありました。

『青い山脈』では、小型バイク（ホンダのスーパーカブ）を運転していて砂利道で転び、手のひらに細かく入り込んだ砂利を、お医者さんが一つ一つ抜いてくれたんです。めちゃめちゃ痛かったですけど、我慢して撮影を続けました。

『愛と死の記録』に戻れば、やはり一番印象的なのは、原爆ドームの中で渡さんから被爆者であることを告白されるシーンですね。

原爆ドームの中には普通は入れないのですが、特別な許可を出してもらって撮らせていただいたんです。尋常な場所ではないので、全員緊張していたんですが、蔵原さんが、渡さんの演技になかなかオッケーを出さないんです。そのうちに、普段は怒鳴ったりしない監督が、「力いっぱい抱いていろ」と大声で叫び、渡さんが力を込めるんで、私は息ができなくなって苦しくなりました。でも、繰り返しているうちに、ぐんぐんと役に引き付けられるような気持ちになって、最後はわれを忘れて渡さんの胸にしがみつきました。そして、自然に涙が出て、止まらなくなったんです。力を出し尽くしたという満足感がありました。

この場面でも、姫田さんのカメラがすごいです。クローズアップも効果的ですけど、いろんな角度から二人を撮って、原爆の悲惨さを表現しています。ほかのシーンでも、下から見上げるようにして「原爆の子の像」を映したり、峠三吉さんの「にんげんをかえせ」の詩碑を映したり、「安らかに眠って下さい　過ちは繰返しませぬから」という原爆死没者慰霊碑を映したりしているのですが、そういうときに、像や碑にポンと寄るんではなくて、俳優が演技している場面の中に、きちんと存在させているんです。

救急車が私の家へ来る最後の場面でも、さりげなく広島平和記念資料館が映っているんです。資料館の前を救急車がすっと通っていきます。ああいうのが、私にはこたえます。『愛と死の記録』は、原爆投下から二一年たった広島で被爆者の悲劇が続いている現実を描いていました。そして、戦後七〇年以上たった今もなお、多くの人が原爆症に苦しんでいます。それを忘れてはいけないと思います。

無言の座り込み

とにかく、ほとんどがロケでした。広島赤十字・原爆病院の病室などは、東京の撮影所内のセットですが、病院内の廊下などは全部ロケで撮りました。

映画が完成し、撮影所でオールラッシュ（編集の最終段階での試写）を観たスタッフや出演者たちからは、上映が終わると自然に拍手が起きました。厳しい撮影だったけれど、頑張った甲斐があった、という感じでした。でも、信じられない事態が起きたんです。社長だか重役だかは定かではないんですが、オールラッシュを観た日活の偉い方が、このまま上映するのは好ましくない、と判断したんです。そして、原爆ドームを象徴的に映した場面と、芦川いづみさんが演じた被爆者の顔のケロイドの場面を「カットしろ」と命令を下したんです。

原爆ドームは、さっきお話ししたように、映画の中でとても重要な場面を撮った場所ですし、最終的に原爆ドームの映像がまったくなくなったわけではないんです。ああいうところは切れないですから。でも、原爆ドームが象徴的に入るカットがあったんですが、そこは切られたんです。

芦川さんは、私のお兄さん役だった垂水《たるみ》悟郎さんの昔の恋人だったという役で、オールラッシュのときには、映っている場面がいくつもあったんです。ところが、上層部の鶴の一声で、ほとんど切られてしまった。ケロイドは、瞬間的に見えるところが一カット残っているだけです。

もちろん、スタッフも私たちも怒りました。それで、普段は立ち入り禁止になっている撮影所の食堂の前の芝生で、座り込みをしたんです。座り込みといっても、プラカードを持つとか、抗議の叫び声を上げるとか、そんなにたいしたことではなくて、ただ無言で座っていただけです。監督や渡さんがいらしたかどうか、分からないんですけど、助監督さんや照明さんたち、ほとんどのスタッフが座り込んだと思います。みんなで作り上げた映画なのに、残念で仕方がないという思いでした。

原爆をテーマにした映画なのに、なぜ原爆ドームがいけないの？　なぜ被爆者の顔のケロイドを拒否するの？　そう思いましたが、だめでした。会社は私たちの主張を聞いてくれませんでした。

公開された映画の上映時間は九二分ですか？　本当は、もうちょっと長かったかもしれないです。切られる前の〝完全版〟を、皆さんに観てもらいたかったですね。

蔵原さんとは、結局『この若さある限り』と『愛と死の記録』の二本だけでした。二〇〇二年にお亡くなりになったんですが、その数年前に、髙橋治さんの『風の盆恋歌』という長編小説を一緒にやりたいということで、何度も何度もお会いしたんです。蔵原さんからは「やりましょう」と言っていただいたんですけれど、男と女の出会いと別れ方が複雑で、私にはちょっと難しい気がしまして……。蔵原さんはフランスと合作でやりたいとおっしゃっていたんですけど、結局実現できなかったんです。蔵原さんの代表作の『南極物語』のような大作ではなくて、男と女の小さなお話だったし、やってもよかったのかしら、と、ときどき思うことがあります。蔵原さんは本当にやりたいと思っていらしたんですが、撮影時期がどうしても九月の「おわら風の盆」の時期を逃せないということで、私の方の態勢が整わなかった問題もあります。

演技はアンサンブルで作るもの

渡さんとは、この映画の直後に西河克己監督の『白鳥』(66)という作品で共演したんですが、これは見事に失敗したと思っています。松山善三さんの脚本で、渡さんと関口宏さんの二人の男性を同時に愛して、苦しむという役でした。

やっぱり、私はいろんなことにアクティブに生きていく女性の方が得意ですね。実際に自分自身がそうですし、役的にもそうです。じーっと悩んでしまうような役は向いていません。

渡さんとは、その後もお正月映画の『青春の海』(67)や石坂洋次郎さん原作の『だれの椅子?』(68)でご一緒しました。『だれの椅子?』は、石坂さんがご覧になって「渡さんが素晴らしい」とおっしゃっていたのを覚えています。日活で最後に共演したのは、『嵐の勇者たち』(69)という石原裕次郎さん主演のオールスターキャストの映画でした。

それから、ずいぶん時間がたって『時雨の記』(98)や『長崎ぶらぶら節』(00)で共演しました。

渡さんは、基本的にピッチャーなんです。『時雨の記』でも、『長崎ぶらぶら節』でもそうでした。『愛と死の記録』から、そこはずっと変わらないんです。

浜田光夫さん以外で、私の方がピッチャーだったのは、高橋英樹さんです。『伊豆の踊子』や『雨の中に消えて』(63)で共演したときは、私の投げる球を英樹さんが受け止めてくれました。

それから、私がピッチャーでいられたのは、仲代達矢さんでしょうか。仲代さんは『青春の門』のときに「小百合ちゃん、どんなふうにもやっていいよ、僕は全部受け止めるよ」って言ってくださったんです。

ピッチャー、キャッチャーで言えない関係もあります。例えば『母べえ』(08)で、浅野忠信さんと共演するときは、山田洋次監督の存在が大きいんですね。浅野さんと私は、山田さんのもとで、どの守備になるかがその都度変わるというか、単にどっちが投げてどっちが受けるというのではない雰囲気になるんです。

高倉健さんはちょっと、説明が難しい。私を受け止めてくださるんですけど、実は高倉さんは自分が投げていらっしゃったのかもしれない。

いずれにしても、演技というのは、結局普段の生活と同じように、独りではできない、誰かと一緒に、アンサンブルで作るものなんですね。

第四章

声が出ない危機のさなかに出演

今も大事な渥美清さんの言葉

『男はつらいよ』

『男はつらいよ　柴又慕情』監督／山田洋次（1972年）　写真提供／松竹

一九六〇年、高校入学と同時に日活に入社した吉永さんは、トップスターの道をまっしぐらに突き進んだ。仕事に追われ、高校卒業は断念したが、大学入学資格検定に挑戦。二年目に早稲田大学の入学試験に合格し、六五年四月に第二文学部に入学した。二十歳の大学一年生だった。

仕事と学業に追われる日々、吉永さんは持ち前の前向きな明るさで、全力で走り続けた。だが、無理が過ぎたのだろうか。六六年に日活入社以来六四本目となる『愛と死の記録』に出演した後、女優生活で初めてのスランプに陥る。

「年間十本は下らなかった私の主演映画は、だんだん減っていきました。(略)二十歳を過ぎ、大人の女性を演じなければならない時期がきたのに、私の成長は止まってしまいました」(『夢一途』)

実は、苦しんでいたのは、吉永さんだけではなかった。六〇年代後半の日本映画は、深刻な観客離れに直面していた。日活は六九年に撮影所を売却、七一年には映画製作を一時中断し、ロマンポルノ路線に方向転換する。

吉永さんのマネージメントを担当していた父親の芳之さんは、六〇年代後半に事務所を設立したが、映画の世界では活路を見いだせなかった。代わりに新たな活躍の場となったのが、テレビだった。テレビ各局は競って大型連続ドラマを製作、吉永さんは超過密なスケジュールで仕事をこなしていった。

心身ともに限界だったのだろう。ある日、突然、声が出なくなった。苦しい状況が続く中、吉永さんは一本の大切な映画に出会った。山田洋次監督、渥美《あつみ》清さん主演の『男はつらいよ　柴又《しばまた》慕情《ぼじょう》』(72)だ。

立花珠樹

初めてのテレビドラマ出演はミュージカル

六〇年代後半は、テレビドラマをみんなが観るようになって、映画がとても難しくなった時期ですね。アクションにせよ青春ものにせよみんなそうで、テレビでは観られないヤクザ映画だけが元気でした。

私自身も大人にならねばならない年齢でしたが、しっかりした企画がなく、どうしていいか分からないような時期でした。大学に入って、違う世界を見る楽しさを知ることができた一方で、映画に対して一生懸命になる気持ちが薄れていたかもしれません。『愛と死の記録』とか『あゝひめゆりの塔』(68)とか、そういう作品は別なんですけど……。

実は、私は松竹の作品にすごく憧れていたんです。父がマネージメントするようになっていたので、父を通して「松竹に出たい」と日活に交渉しても、五社協定(大手映画会社が専属俳優・監督の引き抜きや他社への出演を禁止した協定。五〇年代後半には専属俳優のテレビドラマ出演も制限した。七一年に自然消滅)などがあって出られない。事務所を作って独立すれば何とかなるかなと思ったんですが、相当もめました。

テレビドラマに出るのも大変だったんです。最初に出たのは、NHKの『ミュージカル　わが心のかもめ』（一九六六年三月二二日）という作品です。共演は加藤剛さん。曽野綾子さんの原作で、寺山修司さんが脚本を書き、音楽は山本直純さん、演出は岡崎栄さんでした。

歌を歌いながら普通のドラマも進行していくという、とても魅力的な仕事だったんですが、真正面から交渉したのでは難しい。それで、これは「ミュージカルで、ドラマではない」と押し通したんです。出演制限されていたのはテレビドラマですから、日活をだましたんです。これを突破口にして、その後、テレビドラマにも何となく出られるようになったんです。そのうち、五社協定もなくなるんですけど。

素晴らしかった『戦争と人間』

映画の方は、もう一つぴったりくるものがなくて、難しい時期でした。

日活ロマンポルノは、第一作が一九七一年ですか。六〇年代に私が一緒に映画作りをした助監督さんたちが、ロマンポルノでいい仕事をしてるんです。加藤彰さんとか、小沼勝さんとか、「ファンキー」と呼ばれていた小原宏裕《おはらこうゆう》さんとか。

日活だけでなく、どの映画会社も悩んでいて、俳優さんたちも大変で、スターが独立プロを設立した時代でした。裕次郎さんも、三船（敏郎）さんも、錦之助さん（萬屋《よろずや》錦之介、当時の芸名は中村錦之助）もそうでした。私は錦之助さんの『幕末』（70）という作品に出演させていただきましたが、そうやって、自分で製作する以外に、やりたいものをやれなくなってきていました。

いつまで日活の専属だったんですか、と聞かれることがありますが、自分でもはっきりしないんです。つまり、専属というのは月給をもらっていることだと思うんですが、私はそのあたりにうといので……。入社したときから、たぶん『愛と死の記録』くらいまでではないかと思います。その後は、年間何本に出演するという契約だったように思います。

「日活の女優」という気持ちがあったのは、六八年の『あゝひめゆりの塔』までくらいでしょうか。ロマンポルノをやっていた時代の日活に出演したのは、『戦争と人間』（三部作で、第二部〈71〉と第三部〈73〉に出演）くらいです。山本薩夫《さつお》監督が、あれだけ立派な作品をお作りになったときに、参加させていただき感激しました。第一部（70）は出ていないんですが、そのときから監督にお会いして「必要だ」と言われ、第二部から出るとお約束していました。

山本監督とはその後も『皇帝のいない八月』（78）でお仕事をしましたが、『戦争と人間』は、いかにも山本組という雰囲気が印象的でした。第二部の撮影中、朝早くスタジオに行くと、ほうきを使って掃除をしている人がいる。それが監督だったんです。「昨日のシーンで床が汚れたもんだから」と言いながら、誰よりも早くスタジオに入ってお掃除されていたんです。こんな素敵な監督と一緒に仕事ができるなんて、と一〇代のころ映画に注いでいたパワーが、よみがえってくるような気がしました。

卒論は『縛られたプロメテウス』

大学は六五年に入学しました。三月に二十歳になって、四月から大学生でした。早稲田大学第二文学部の西洋史専修です。選んだ理由は、すごくいいかげんなんですけど。

中学生のころミロのビーナスの写真を見て、古代ギリシャの芸術や文化に憧れた。単にそれだけです。歴史が好きなんで、ギリシャ史を勉強しようと思ったんですが、大学に入ってから、もっと東洋の歴史をやるべきだったなと思いました。日本文化が、大陸とのいろんな関わりの中でできあがっていったんだと感じ、東洋史がとても面白かったからです。

六五年に出た映画は六本で、それ以前よりは少ないですが、やっぱり忙しかったですね。撮影が終わってから大学に行き、正門前の立ち食いソバを食べて、授業に駆け込みました。

同級生に助けられたんです。私を入れて五人、仲良しがいて、みんな女性なんですが、同じように働きながら夜勉強に来ていたから、話が合うんです。私より年下の人もいるし、一つくらい上の人もいました。

彼女たちが、私が欠席のときはノートを取ってくれて、それを見せてくれる。それに、もう時効だから話してもいいと思いますけど、ときには「代返」もやってくれたんです。「吉永さんの名前を呼ばれると、『はい』って言うんだけど、吉永さんの声は特徴があるでしょ。先生があれっという顔をして声の方を見ながら、もう一回名前を呼ぶときがあって、そうすると返事ができなくなった」と友達が言うんで、大笑いしたこともあります。

四年で大学を卒業できたのも、彼女たちのおかげです。卒論がとても書けそうになかったので「もう無理だから、私は卒業を一年延ばす」と言ったら、皆が「あなた、今やめちゃうと、たぶんずっと書けないんじゃない。頑張って一緒に卒業しようよ」と励ましてくれたんです。あの言葉がなかったら、四年間で卒業できなかったかもしれないです。今も五人、仲良しで付き合っていて、ラグビーを見に行ったりしています。

卒論は、アイスキュロス作のギリシャ悲劇『縛られたプロメテウス』を題材にして、『縛られたプロメテウスとアテナイ民主政についての一考察』という大それたタイトルで書いたんです。ギリシャ悲劇はとても面白いし、自分が俳優としてやっているから演劇と関係があることがいいと思って選びました。でも、ぎりぎりでした。手書きで仕上げて、締め切りの一時間くらい前にゼミの先生のお宅に持っていきました。その場でご覧になった先生から「あなたは、普段は字の間違いはないんだけど、今日はよほど急いだんでしょう」と間違えた字を指摘され、その部分だけ書き直した記憶があります。そうした温かい指導のおかげで、何とか卒論を完成させられました。

一週間に八日働いた

六九年に大学を卒業する前後から、テレビの仕事がだんだん忙しくなってきたんです。もともと、私は中学生のとき、テレビドラマが生放送の時代の『赤胴鈴之助』に出てますから、そういう意味ではテレビ出身なんです。映画は昔は一台のカメラで、七〇年前後のテレビはカメラが四台でしたけど、現場の違いに戸惑いはありませんでした。

映画と違って、通して芝居ができる。それに、映画だと撮って二、三日後にラッシュを観て自分の演技を確かめるんですが、テレビは撮ったものをすぐ観られるのも新鮮でした。スタッフも優秀な方たちがそろっていたし、加藤剛さんや山本圭《けい》さんのような演劇界の素晴らしい俳優さんたちと共演させていただいたのも面白かったです。一時間ドラマを二日間で撮り上げるから、集中できました。

こういうと、いいことばかりのようですが、ちょっと忙しくなりすぎたんです。特に、七一年の秋からは、一週間が八日あるような仕事の仕方をしていました。東京で『花は花よめ』（日本テレビ系列で七一年八月〜七二年一月、七二年八月〜七三年五月）というドラマの撮影を四日やって、夜中に車で京都に移動して、二、三時間眠ってから、テレビ映画『女人平家』（朝日放送・松竹製作、七一年一〇月〜七二年二月）の現場に入るんです。そこで、また四日。四日目の午前中の撮影が終わると、新幹線で移動して、『花は花よめ』の現場です。

『女人平家』は、田中絹代さんが私の乳母《めのと》役だったんですが、いつも早く来ていらっしゃるんです。朝、セットに行って、田中さんから「おはようございます」と声を掛けられると、「うわーっ、今日もまた私の方が遅かった」と、申し訳ない気持ちになりました。

そういう生活を続けているうちに、ある日突然、声が出なくなったんです。

スースーと息が漏れるようなかすれ声しか出ないんです。ささやき声、というか、弱い声は出るんです。だけど、しっかりと声帯が閉じないから、隙間があいてるような声しか出ない。インタビューに答えるのは何とか大丈夫なんですが、太い声を出そうと思っても出ない。現場で、録音の人に「もうちょっと大きい声でやってください」と言われると、なお出なくなる、という状況でした。

もちろん、症状が出た直後から、いろんな病院に行って診察してもらったんですが、「声を出しすぎだから、しゃべらないで」と言われるくらいなんです。一週間くらい入院して、筆談だけで過ごしたこともありますが、全然治りませんでした。

そんなとき、浜畑賢吉さんという、当時、劇団四季にいらした俳優さんから「とてもいい先生がいる」と教えていただいたんです。そのお医者さんに診てもらうと、声帯自体はまったく正常なのに、脳が「声を出しなさい」と命令しなくなっていることが分かりました。結局、回復させるにはストレスをなくして、休むしかないと診断されました。

ドラマの視聴者に対してもこんな声でやるのは失礼だし、仕事を全部休もうかと悩んだんですが、やはり、途中で辞めるわけにもいかない。結局、なるべくストレスがかからないように気を付けながら、仕事を続けました。本当に治ったと言えるまでには四、五年かかったのではないでしょうか。

テレビは楽しかったけれど、観る人の数も多いし、一週間単位で脚本も替わっていきますから、目に見えないストレスがあったのでしょう。主演している場合には、視聴率のプレッシャーもあったかもしれません。

当時は、今ほど、視聴率が一般のニュースで扱われることはなかったのですが、テレビ局の中では大きなウエイトを占めていたと思います。それに、そのころは私の事務所に二〇人近い人たちを雇っていたので、みんなの給料を出すためにも、常に働いていなければならないような状況でしたから……。ちょっと重かったです。

ちょうど、そういう時期に、『男はつらいよ』に出たんです。

役者なんて、さだめのないもの

『男はつらいよ 柴又慕情』（一九七二年八月五日公開）は、声の調子が一番ひどいころでした。録音のレベルを上げてくださってますし、ＯＬ三人組でぺちゃくちゃしゃべっている場面などではまぎれているので、お客さんには分からないかもしれないですが、自分には声が出てないのが分かるんです。

『男はつらいよ』シリーズの九作目で、山田（洋次）監督からは「吉永さんに出てほしいという気持ちが、渥美（清）さんにも、自分にもあって、出演が決まったときは、本当にみんなで喜んだ」とおっしゃっていただきました。

撮影があった松竹の大船撮影所は、映画デビューした『朝を呼ぶ口笛』に中学生のときに出て、その後も中村登監督の『風の慕情』（70）などで経験しています。大船撮影所製作の木下恵介監督『二十四の瞳』(54)は、私にとってバイブルのような映画でしたし、撮影所の雰囲気も大好きでした。

だから、今回もとても嬉しいお話だったのですが、ほかの作品とは違って、『男はつらいよ』には、チームというか一家というか、そういう感じが強くて、「とらや」の皆さんが顔をそろえている中に、独りぽんとゲストで入っていくことに、緊張感がありました。

それを和らげてくれたのは、山田監督と渥美さんでした。

ロケが終わって大船での撮影が始まったとき、夜遅くまでテレビの仕事があったので、翌日の撮影に備えて、近くの旅館に泊まったんです。そしたら、監督から手紙が届いていて、その中に「明日のせりふを覚えるんじゃなくて、とらやに遊びに来るような気持ちでセットに入ってください」って書いてあった。ああ、そういうことなのねって、ほっとして、少し気が楽になりました。

山田監督は、せりふをとても大事にする方で、ぎりぎりまで推敲《すいこう》するので、せりふの変更がすごく多いんです。これから撮ろうとする場面でも、もっと違う表現があるのではないかと、一時間くらい考え込まれることがあるんです。そうすると、渥美さんは監督をよくご存じだから、すっとセットから外に出ていくんですが、私は初めは分からないから、監督がどういうふうにせりふを変えるんだろうって、硬くなって待っていました。ご自身は「あきらめが悪いんだよ」とおっしゃるんですけれど、少しでもよい表現を追求する姿勢はすごいです。今もそれをずっと継続されていますし。

渥美さんとは、これが初共演でした。実際に会うと、寅さんの雰囲気とは違って、クールで、しっかりいろんなものを見ていらっしゃる方だ、と感じました。お体が弱いから、ご自身は運動することはできないわけです。だからその分、いろんなものを見ることで吸収しようとしてらっしゃるんです。都はるみさんの歌から新劇まで、本当に幅広くいろんなものを見ておられるんです。

俳優としては、大きな受け皿っていうか、こちらがどんなかたちでもきちんと受け止めてくださる方で、間《ま》が絶妙なんです。だから、芝居はまったく苦労しませんでした。

笑う芝居って難しいんです。ほんとに笑ってしまうと、とんでもないことになってしまうし、泣くより難しいです。この『男はつらいよ』の私の役は、別に自分で笑わせなくていいんですが、喜劇だから面白くやろうとすると、どうしても芝居がオーバーになってしまうんです。ナチュラルにやることで逆にそれがおかしみみたいになると、いいんでしょうね。

そういえば、撮影の待ち時間に、渥美さんの話に感動して、「自分の人生を変えなきゃ」と思ったことがありました。渥美さんが羽仁《はに》進監督の『ブワナ・トシの歌』（66）に主演し、アフリカでロケしたときの思い出を聞いたときです。

テントで生活していて、夜中に用を足そうと外に出たら、満天の星が降ってくるようだったという体験を、渥美さん独特の語り口で話してくださったんです。いやあ、私はそういうことから離れすぎているな、と反省しました。山が好きで、学生時代には友人たちと山に登ったりしてたんですけど、だんだんそういう時間もなくなってしまっていたんです。

渥美さんは「役者なんて、さだめのないもの。だから、何年も先の仕事を決めるもんじゃない。ふらっと出会った作品の中で自己表現していくもんなんだ」とも、おっしゃったんです。今思えば、声の問題などで悩んでいた私を見て、何かを伝えようとしてくださったのかもしれないです。今も大事にしている言葉です。

予知能力がある？　山田監督

渥美さんは、山田監督にとって特別な存在だったと思います。『男はつらいよ』のある場面を撮るときに、監督が渥美さんに「泣いてほしい」と言ったら、渥美さんが「僕は泣きません」って断った。そして、それを監督はすっと受け入れた、という話を聞いたことがあります。

やっぱり、山田監督は、渥美さんに対して、とてつもなく大きな尊敬と、ともに仕事をしていく仲間意識を持っていらしたんだなあ、と思いました。

山田監督って不思議なところがあるんです。ちょっと予知能力があるんです。この映画で私が演じた歌子という女性は、結婚を親から反対されている役なんですが、ちょうど、そのころ、私も同じような状況だったんです。もちろん、私は何も話してませんし、監督はそんなことをまったくご存じないはずなんですが……。監督は、演じるというのがお好きではなくて、その人そのままのたたずまいを映画で出してくれればいいという方ですから、もしかしたら、脚本を書く段階で私を観察して、そういうものを感じとられていたのかもしれません。

『柴又慕情』の一年後に私は結婚して、その翌年に『男はつらいよ 寅次郎恋やつれ』(74)にまた出たんです。結婚して、新しい生活で壮絶に頑張っていたから、だいぶやせていました。所帯やつれです。

そしたら、この映画では、結婚したらすぐ夫が死んでしまう役なんです。ひどいでしょ。新婚の私に。本当にひどいんです。でも、もしかしたら、これは『柴又慕情』のときから、監督が計算していたのかもしれません。『柴又慕情』のときの歌子の婚約者を演じたのは、助監督さんなんです。初めから、すぐ死んでしまう設定だったのかもしれません。

実は、その後に三本目のお話もあったんです。『寅次郎恋やつれ』で伊豆の大島に行った歌子に、またいろんなことがあって、そこに寅さんが来て、という話を監督が考えていらして、話してくださったんです。タイミングが合わずに実現できなかったんですが、『男はつらいよ』のシリーズが終わるときには絶対に出たいと思っていたんです。そしたら、渥美さんが急に亡くなられて……。

もう一度、渥美さんと共演したかった。会えなくなった今、強くそう思います。

押しかけ女房なんです

声が出なくて苦しんでいた時期に、たまたま付き合っていた人（当時フジテレビのディレクターだった岡田太郎さん）と、もうこれは私は結婚するしかないということで、結婚したんです。とにかく、すごく、くたびれてどうにもならない時期に、励まし続けてくれたんです。

最初に会ったのは、一九歳のときです。『愛と死をみつめて』の封切り直後、テレビのドキュメンタリー番組を撮りに、ヨーロッパに行ったというお話をしましたね。そのとき、フジテレビの社内事情がいろいろあって、本当はドラマのディレクターだった岡田が急遽《きゅうきょ》、同行してくれることになったんです。だから初対面は、羽田空港です。

その後、ＮＨＫの『ミュージカル　わが心のかもめ』の後に、彼の演出で、加藤剛さんとご一緒に『また逢う日まで』前後編（66、フジテレビ）をやったんです。次の年に、三回連続だったと思うんですけど、やはり彼の演出で山本圭さんと『その時、私は…』（67、フジテレビ）という社会派のドラマをやりました。これは優れた作品だったと思いますが、残念ながら、今は観られないんですね。その後、結婚する直前に『愛のはじまるとき』（73、フジテレビ）という連続ドラマを二谷英明さんとやったんです。この放送中に、婚約を発表しました。

彼は一五歳年上で、親からは結婚を反対されました。初め彼は、恋愛でいいのではっていう感じだったんですけれど、私の方からどうしても結婚して自分の名前を変えたいという思いがあったんです。押しかけ女房なんです。

声のためにも休むことが大事でしたし、結婚を区切りに、一年間仕事はまったくしないで、家のことをやろうと決めました。私は小学校六年からずっと仕事をしていたし、他人のために何かをするということがなかったんです。料理も卵焼きしか作ったことはなかったし。だから、そういうのが嬉しくて、親類が校長をしている料理学校に通って出汁《だし》の取り方から勉強したり、魚河岸に魚を買いに行ったり、夫の仕事先のテレビ局にお弁当を届けたりしていました。最近は夫が仕事をリタイアしたので、主婦の座を譲りましたが。

第五章

高倉健さんと初共演

再び映画への情熱がよみがえる

『動乱』

『動乱』監督／森谷司郎（1980年）　© 東映・シナノ企画

一九八〇年一月に公開された『動乱』は、吉永さんにとって、ターニングポイントになる作品だった。

『夢一途』で、吉永さんはこう記している。

「私は再び映画への情熱を蘇らせてくれる作品にめぐり逢うことができたのでした」

「蘇る」という言葉が使われていることから、それ以前は映画への情熱を失っていたという心の状態がうかがわれる。

七〇年代前半、心身のストレスから声が出なくなる危機に直面した吉永さんは、公私両面でのさまざまな出会いにも支えられ、徐々に元気を取り戻していったはずだ。いったい、何があったのだろう?

予期せぬ試練が待ち受けていた。『キューポラのある街』の浦山桐郎監督に請われ、出演した『青春の門』の演技について、「なぜ脱がなかったのか」という批判にさらされたのだ。もともと、迷いを抱えたまま出演してしまったという気持ちがあっただけに、吉永さんが受けた精神的なダメージは大きかった。

それだけではない。『青春の門』が公開された年に三〇歳になった吉永さんは、どうしてもやりたい映画に出会えなくなっていた。多くの女優が直面する「年齢の壁」に、吉永さんもぶつかっていた。

岡田裕介プロデューサー（現・東映代表取締役グループ会長）から『動乱』の話があったのは、ちょうどそんな時期だった。

犬養毅《いぬかいつよし》首相が殺害された三二年の五・一五事件から、陸軍の青年将校が決起した三六年の二・二六事件までの〝動乱〟の時代を背景に、青年将校とその妻の愛情を二部構成で描く大作だ。『日本沈没』(73)や『八甲田山』(77)の森谷《もりたに》司郎さんが監督するこの作品でヒロインを演じた吉永さんは、夫役の高倉健さんと初めて共演した。そして、森谷監督の丁寧な映画作りと、高倉さんが厳しく自己を律する姿勢に感動したのだった。

立花珠樹

私の役ではなかった『青春の門』

一九七四年の『男はつらいよ 寅次郎恋やつれ』の直後に、浦山（桐郎）監督の『青春の門』に出ました。浦山さんは『キューポラのある街』に、私を出演させてくださった大恩人なんですが、その後は一緒に仕事をするチャンスがなかったんです。

浅丘ルリ子さんと小林トシ江さん（当時の芸名は小林トシエ）が出て、六九年に公開された『私が棄てた女』という浦山さんの映画があります。実は、遠藤周作さんが書かれた原作（長編小説『わたしが・棄てた・女』）を読んで、小林さんの役のミツという女をやりたくて、監督にお会いして直談判したことがあるんです。でも、そのころ私は早稲田に通っていたでしょ。「君は今は学校に行って、勉強を一生懸命やりゃいいんだよ」と言われて、だめだったんです。

『私が棄てた女』を撮った後に日活を離れた浦山さんから、『青春の門』に出てほしいという話があったのは、七三年に結婚して仕事を一年間くらい休んでいた時期でした。ちょうど、『男はつらいよ 柴又慕情』に続く『寅次郎恋やつれ』のお話も同じころ来ていたんですが、浦山さんから「『男はつらいよ』に出るのはやめてほしい」と言われました。

「山田監督は優秀な監督だから」というのが理由なんです。「ずっと休んだ後に、まず山田組に出るんじゃなくて、自分のためにとっといてほしい。どうでもいい映画なら別にいいんだけど、山田組はやめてほしい」とおっしゃるんです。監督のライバル心のすごさにびっくりしました。でも、山田組に出ちゃいましたけどね。

『青春の門』の脚本ができた段階で、浦山さんから渡されて読んでみたんですが、どう考えても私の役ではない。「例えば、倍賞美津子さんのような、私よりもっと女っぽくって、かつパワフルな方じゃなきゃ無理です」と何度も断ったんです。断りに断って、これが最後だというので、新宿のお店で会ったら、監督がビールを飲みながら「初めて他社（東宝）で撮るからね、日活の仲間とやりたいのよ」と、たばこの灰が食べ物に落ちるのもかまわないでおっしゃる姿を見て、断れなくなっちゃったんです。

「これは出るべきかな」と出ることにしてしまったのですが、できあがった映画を観たら、やっぱり私の役ではなかった。それは監督も初めから分かっていらっしゃったと思うんですけど。

脚本では、ヌードになるようなシーンがあったのですが、撮影前の打ち合わせで「私にはできません」と監督と話して、ヌードにならないことは決まっていたんです。でも、作品ができあがった後で「なぜ脱がなかったのか」という批判をいくつか受けました。そのときは、監督が「あれは、俺が決めたんだから」と、私をかばってくださった。それは、とてもありがたかったです。

でも、結局、役と違うというか、私のやる役ではないのを無理してやったけれど、うまくいかなかったということで、精神的にダメージを受けたということがありました。それに加えて、そのころは「どうしてもやりたい」と思う作品に巡り会えなかったんです。それで、少し映画への情熱が冷めていたかもしれません。

雪原で独りカレーライスの健さんに驚く

『動乱』の場合は、岡田裕介さんが初めから「高倉さんと私で」ということで、時間をかけてじっくり練っていただいた企画でした。少なくとも公開の二年前にはお話をいただいていたと思います。本ができてからとお返事していたんですが、山田信夫さんの脚本が素晴らしくて、出演を決めるのに何の迷いもありませんでした。そして、何よりも感動したのは、丁寧な映画作りです。

森谷監督は、黒澤明監督の『天国と地獄』（63）や『赤ひげ』（65）でチーフ助監督をされた方ですので、黒澤監督流の本物の絵作りに対するこだわりをお持ちでした。雪の北海道から始まって、桜が咲いたら桜のシーンと、一年間かけて四季折々の風景を入れ、秋に青森の奥入瀬《おいらせ》の紅葉を撮って終わったんです。私は、こんなに長期にわたって作る映画は、初めての体験でしたし、ああ、これが映画なんだ、子どものころに観た『二十四の瞳』とか『ビルマの竪琴《たてごと》』（56）とかに通じる本当の映画なんだ、としみじみ感じました。

高倉さんとは、この映画が初共演です。それどころか、それまではお会いしたこともなかったんです。共演が決まって、大泉（東京都練馬区東大泉）にある東映の東京撮影所でご挨拶したのが初対面でした。

高倉さんが出演されている内田吐夢《とむ》監督の『森と湖のまつり』（58）や『飢餓海峡』（65）は観ていましたが、ヤクザ映画は全然観てないんです。今思うと、先入観がなくて逆によかったのかもしれないですね。

大泉の撮影所で「初めまして」と、お会いした後、すぐ北海道ロケに行ったんです。私がやった薫という役は、貧しい農家の娘で、借金のかたに売られて、当時日本の植民地だった朝鮮半島で苦界に身を沈めているんです。そこで自殺を図り、雪の上に放置されているのを、高倉さんが演じた宮城大尉という青年将校が救うシーンから撮影が始まりました。

サロベツ原野の一面の雪の上に、長襦袢《ながじゆばん》姿で、しかも裸足《はだし》で倒れていなければならない芝居でした。実は、そのシーンは結果的にほとんどカットになったので、完成した映画には映っている場面は少ないんですが……。もう、寒くて寒くて、凍えてしまって、昼休みになると一目散にロケバスに駆け込んで、暖を取りました。スタッフも「ああ寒い、寒い」と言いながら、次々にロケバスに入ってきて、みんなで昼ご飯の温かいカレーライスを食べ始めたんです。

ところが、バスの中から外を見ると、雪原で独りぽつんと立ったまま、カレーを食べている人がいるんです。えーっと思ったら、高倉さんでした。

役になりきっている状態で、集中力を切らさないために、暖かいバスの中に入らないようにされていたんです。「ああ、これはすごい人だ」と驚きました。きっと、『八甲田山』などの経験から、そういうことをきちっと考えていらっしゃるんだな、と思いました。

ロケの後、撮影所でのセット撮影になって、高倉さんと二人だけの芝居を撮りました。薫が自殺を図る前に、酒席で会った宮城大尉にお酒をつごうとするシーンです。そのとき、極度に緊張して、お酒をつぐ手が震えているのが、自分で分かりました。あんなに緊張したのは、日活時代の『光る海』(63)で、田中絹代さんと初めてご一緒したとき以来でした。小柄な田中さんから、とてつもなく大きなオーラというか、圧力を感じて、震えてしまったんです。もちろん、それは、私がずっと田中さんの映画を観てきていたということが、背景にあったからだと思います。

でも、私は高倉さんの映画をそんなに観ていたわけではないのに、このときも震えたんです。それくらい、高倉さんの現場でのパワーがすごかったんです。

そのシーンが終わって、徐々にいろんなシーンを撮ったんですけど、その後は、震えるということはまったくありませんでした。たぶん、お酒をつぐシーンで自分の中の緊張感を全部出しきったのでしょう。

負の部分を出す

この映画の中で、とても好きなシーンがあるんです。薫を救った宮城大尉は、東京に戻った後、薫を自分の妻にするんですが、妻の体に触れようとしないんです。宮城の恩師を二人で鳥取に訪ねた帰り道、薫が砂丘で抑えていた感情を爆発させる場面です。

鳥取砂丘に見立てた静岡県の浜岡砂丘で春、撮影しました。「私の体は汚れているから、だから抱けないんですか」と高倉さんに詰め寄り、その後、財布からお金を出して突き出しながら「このお金で私を買ってよ」というシーン、好きですね。

私はそれまで、負の部分を出していく役というのが少なかったですから、こういう「過去を背負った女」はやりがいがある、と感じたんです。できあがった作品を観ると、一途な女心は出せたけれど、苦界に身を沈めていた女のぬぐいきれない過去までは出せなかったかな、という思いがしますが……。精いっぱい演じた満足感はありました。

それからもいろんな役をやってきてますけれど、失敗した役もあれば、何とかなったという役もあります。やっぱり負の部分があって、そうではない部分が生きるということは大事だと思いますし、そういうところを見せても「この人は応援したいね」とお客さんに思っていただけるような俳優になりたいと思います。

ただ、そうはいっても、自分の中にまったくないものや、自分が絶対にしたくないものは、私はできないんです。例えば、一度、とても偉い作家の方から「虚言癖のある女性の役をやってほしい」と言われたことがあるんです。でも、私はうそを言って生きることは絶対にしたくないと常々思っているので、「この役はできません」と、直接お断りしたことがありました。例え、どんなチャーミングな役でも、これは無理だと思いました。俳優ならどんな役でもやらなければいけないんでしょうが、私は、いろんなつらい部分やひどい部分を持ちながらも、まっすぐに生きていく女性が好きで、結局どうしてもそういう役を選んでしまっているところがあります。

森谷監督とも、この作品が初顔合わせでした。芝居に関しては、本当に自由にやらせてくださいました。黒澤監督は現場で怒鳴るとお聞きしたことがありますが、森谷さんはそういうことは一切なかったです。俳優が芝居に集中できるように環境を整えたら、後は自由に芝居をさせてくれるんです。

最後に刑務所で、高倉さんと二人で別れのシーンを撮ったときも、ライティングや何やらすべての準備をした後で、撮影所が静まり返る深夜まで待って、撮影がスタートしました。わざと開始を遅らせて、集中できる環境を作ったんです。そして、軽く段取りだけやったら、すぐ本番になりました。

「許してほしい。君を妻にしたことを……。君を独りで残していくことを……」「私を許してくれ」。せりふを言う高倉さんの目に涙がにじむのを見て、もうわれを忘れて薫になりきったんです。高倉さんの手を取って「私は幸せです。あなたの妻になって……」と言い、その手を両手で包み込むようにして握りしめました。監督の「カット」の声も聞こえず、泣き続けたのを覚えています。

ラブシーンは大変でした

森谷監督がそういうスタイルなので、演技で気を遣ったのは、高倉さんとの呼吸だけでした。高倉さんが間《ま》をしっかりとられる方なので、それを受け止めて演じようと思いました。最初の緊張を通り過ぎると、お互いの気持ちがすーっと通い合って、楽しくやれました。ラブシーンのとき以外はね。

高倉さんは、映画の中で女性と抱き合ってはいけないという思いを持たれていて、「ラブシーンはほんとは嫌だ」とおっしゃっていました。それを無理やり撮らせていただいたので、すごく大変でした。高倉さんはラブシーンが下手というわけではないんです。やりたくない、と思っていらっしゃるから、大変なんです。この映画のときは、最後に銃撃されて死ぬところもほんとはやりたくない、とおっしゃっていました。そういう意味で、こだわりを持った方、ご自分の美意識を大事にされていた方でした。

『動乱』のときは、高倉さんとほとんどお話をしてないんです。私も緊張していましたけど、高倉さんも緊張なされていたのでしょうか。今となっては確かめようもありませんが。休み時間にも話をせずに、ただただもう「宮城大尉と薫」という関係で、ずっといました。撮影が全部終わったときに、宮城大尉がかぶっていた陸軍の帽子をいただいたんです。今も、その帽子を大事に持っています。

最近も見直したんですが、やっぱり大好きな作品ですね。一五〇分のこの映画には、私が出ていないシーンもいっぱいあるんです。それだけになお、一年間を通して、一つの作品で、一人のキャラクターをしっかりと自分の中で保っていくのは、大変なことだったんです。初めての体験でしたからね。そういうときに、どうやって自分をコントロールしていけばいいのかを、高倉さんから学べたと感謝しています。

当時はまだ三〇代の前半ですから、体力的なきつさというのはそれほどなかったんですけど、気持ちを貫いていくことの大変さや楽しさを、高倉さんの映画に向かう姿勢から教えていただきました。

『動乱』は、自分にとって本当にターニングポイントになりました。本物の映画作りの素晴らしさを味わうことができた作品で、「よし、これからもう一度、映画の世界で仕事をしていこう！」と思いました。そこから、市川(崑《こん》)さんと出会ったり、いろんなかたちでいい仕事をさせてもらえたりするようになっていったと思います。

次作『海峡』の光と影

『動乱』の二年後、『海峡』（82）でも森谷監督、高倉さんとご一緒しました。青函トンネルの工事をテーマにした『海峡』のときは、青森県の津軽半島の突端、龍飛崎《たっぴざき》の小さな旅館に、俳優もスタッフも全員泊まったんですが、撮影以外は何もすることがないんです。

高倉さんは基本的には、食事はみんなと一緒には召し上がらないんですが、食事が終わった後に、結髪さんのお部屋で、伊佐山ひろ子さんや私とお茶を飲みながら、いろんな話をされたんです。主に今までの映画の思い出話ですが、お一人でしゃべりまくって。えーっ、これが高倉健さんかと思うくらい饒舌《じょうぜつ》でいらっしゃいました。

高倉さんのコーヒー好きは有名ですが、この映画の撮影中に江利チエミさんが亡くなって、コーヒー断ちをしていらっしゃいました。ですから毎晩いろいろな紅茶をいただきながらの、まさに茶話会でした。

高倉さんは、お酒は飲まないと言われていますが、ワイン一杯は召し上がるんです。私は日活時代はいきがって、助監督さんたちと新宿の二丁目に行って、ウイスキーなんか飲んでいましたけどね。食いしん坊なんで、お酒がすごく好きっていうわけではないんです。楽しくなればいい、ちょっと饒舌になれるので、というお酒です。

高倉さんは「僕は酒乱なんです」と、おっしゃるんです。もともと召し上がれなかったんだけど、大学時代の相撲部で、めちゃめちゃ飲まされて、乱れちゃった。だから、今は飲まないようにしている、とおっしゃっていました。

そういえば、『海峡』のロケで高倉さんとお話ししたのがきっかけで、腹筋運動を始めたんです。旅館の食事の後のおしゃべりで、「筋力を保持するには、腹筋はどのくらいやったらいいんですか」と聞いたら、高倉さんが「キープするには一〇〇回」とおっしゃったんです。それで、今も腹筋一〇〇回を続けているんですけど、年齢とともに、数を増やさなきゃいけないのかな、と思うことがあります。もう高倉さんに伺うことはできませんけれど。

龍飛崎では、ほかに何も運動する場所がないから、旅館の周りを走っていたんです。それをカメラの木村大作さんが見て「高倉さんも吉永さんも、同じように走っていた」と文章にしてくださいました。とにかく、高倉さんには、俳優として自分の体を鍛えることの大切さも感じました。

でも、実は『海峡』は、自分が演じた多恵という女性の役に納得できないところがあって、それを引きずったまま最後まで解決できなかったんです。森谷さんから、どうしてもやりたい作品だからというお話があって出ることを決めたんですが、多恵が自分の不注意で火事を出して人を死なせてしまったことで自殺を図る、という設定が、ちょっと弱いのではないかなと思ったんです。多恵は身を投げようとする直前に、高倉さんが演じた阿久津技師に助けられ、それからずっと阿久津のことを思うようになるんです。そして、阿久津を思って、私が伊佐山さんとお酒を飲むシーンがあったんですね。でも、〝トンネルさん〟と呼ばれている彼は青函トンネルを掘るために一一年間、お酒を断っているんです。その人を思う私がお酒を飲むのは、ありえないのではないかと思いました。

そういうことを、撮影中も監督に何度も申し上げたんですけど、結局、何となく撮ってしまった。そういう中途半端さが、あの映画の中に出ていて、私の役で言えば、失敗したと思っているんです。森谷監督は一本気な方で、私は大好きなので、気合いで出てしまったけれど、やっぱり自分が脚本を読んで疑問に思っていたところが、そのまま残ってしまった。自分の中で消化できないで演じたときの私っていうのは、相当悲惨なんです。器用じゃないから、自分の中で消化できていないと、まったく表現できないんです。

映画はやはり監督のもので、どんなことであっても監督の要求は全部やらなきゃだめ、それが基本なんですが、どうしてもできないときがあって……。きっと、引き受けた時点で間違いなんです。だから、難しいですね。もちろん、若いころは作品を選ぶなんていうことはできませんでしたが、二八歳で結婚したときから、自分で選んでいくようにしたいと思って、少しずつ変わっていったんですが。

もちろん、『海峡』では楽しい思い出がいっぱいあります。森繁久彌《もりしげひさや》さんと初めて共演できたのも、その一つです。森繁さんは、とにかく現場を明るくしてくださいました。皆さんと食事をしないと決めていらした高倉さんに、森繁さんが「健ちゃん、一緒に食べようよ」と声を掛けて、すき焼きをいただいたこともありました。

高倉さんもそうでしたが、森繁さんのお話も面白くて。共演した女優さんを口説くというので有名でいらしたようですが、私にはそんなことはありませんでした。森繁さんも、もう、そんな年齢ではなかったんじゃないでしょうか。

『海峡』は少し悔いが残りましたけれど、森谷監督とはとてもいい出会いができたと思っています。男気があって、ダンディーな方でした。『海峡』の二年後、入院されたということを聞いてお見舞いに行ったら、ごしごし目をこすりながら「よく来てくれたね」と言ってくださったんです。その後、お亡くなりになってしまって（八四年一二月二日、五三歳で胃がんで死去）、あれがお別れになってしまいました。

『動乱』『海峡』の後は、映画に出るか出ないかは自分で決めよう、と強く思うようになりました。人任せだと、どうしても、うまくいかなかったときに人のせいにしてしまう。だけど、自分で決めれば、よくても悪くても、自分が決めたということで納得できると思って……。今はもう全部そういうふうにしています。

企画の段階でお話をいただくことが多いですが、原作があるものは原作も読み、脚本も読んで、決めさせていただいています。もちろん脚本は重要ですが、それだけでもないですね。山田組なんか、撮影現場で脚本は変わるんですから。作品全体の基本的な骨組みみたいなものが一番大事です。

バート・ランカスターが好き

好きな外国の男優ですか？　私は、バート・ランカスターが好きだったんです。特に空港長を演じた『大空港』(70)の、責任感を持って冷静に危機に立ち向かう役が大好きでした。『許されざる者』(60)も素敵でしたし、『地上《ここ》より永遠《とわ》に』(53)もチャーミングでした。

私が日活の新人だったころに、『エルマー・ガントリー　魅せられた男』(61、バート・ランカスターがアカデミー賞主演男優賞を受賞）という映画があって、難しくてさっぱり分からなかったけど、ランカスターが素敵だなと思ったのがファンになったきっかけかな。

彼の生きてきた道もすごいですね。貧しい家庭に育って、若いころはサーカスに入団し、スターになってからも役柄を広げる。すごく人間っぽいじゃないですか。

ヴィスコンティ（ルキノ・ヴィスコンティ監督『山猫』〈64〉『家族の肖像』〈78〉）や、ベルトルッチ（ベルナルド・ベルトルッチ監督『1900年』〈82〉）の作品でも活躍しています。説得力があって、不思議な魅力があります。

私はぽーんとぶつかっていけそうな人の方が好きですね。もちろん、アラン・ドロンはきれいですけど、トータルとして見れば、ランカスターです。

忘れられないヴィヴィアン・リーの三作

素晴らしい外国の女優さんはたくさんいらっしゃいますが、私にとって忘れられないのはヴィヴィアン・リーの三本、『風と共に去りぬ』（52）『哀愁』（49）『欲望という名の電車』（52）です。三本でそれぞれ違う役柄を演じているのが、とてもチャーミングですね。

最初に彼女を観たのは、『風と共に去りぬ』です。女優になった後に、映画館で観ました。

壮大なスケールの作品の中で、時代や男性に翻弄されながら、最後は地に足をつけて、「トゥモロー・イズ・アナザー・デイ（明日は明日の風が吹く）」という有名なせりふを言うスカーレット・オハラの役です。リーが情熱的な女性像を見事に演じきっているのに、羨望みたいなものを感じました。

『哀愁』は悲恋映画の名作です。若いころ、岩下志麻さんが出られていた『あの波の果てまで』（61、前・後篇）など、松竹調のメロドラマに憧れていたんですが、『哀愁』は極め付きのメロドラマですね。ヒロインは、これでもか、これでもかというようにつらい状況に追い込まれていく。見ていると切なくて、ああ、これが本当のメロドラマかと思いました。それに、リーがはかなくて……。『風と共に去りぬ』とは全然違いました。

そして、『欲望という名の電車』のブランチです。また、前の二作と全然違います。堕《お》ちていく、精神が崩壊していく女性を、『風と共に去りぬ』や『哀愁』と同じ女優とは思えないほどの演技で見せました。リーは舞台女優出身ということに自負を持っていて「私は映画スターではなく、俳優です」と言っていたそうなんですが、これだけ違う役柄を演じきり、しかも五三歳の若さで亡くなったということを思うと、やはりすごいスターだったと感じます。

イングリッド・バーグマンも美しくて、理知的で大好きです。でも、リーが演じたはかない女性や、崩れちゃいそうな女性を観ると、私にはそういうところがないので、逆に、大いに憧れるところがあります。

第六章
被爆のヒロイン演じたテレビの人気シリーズ
自ら決断し、映画で幕引き

『夢千代日記』

写真提供　NHK

『動乱』で、映画への情熱がよみがえった吉永さんに、テレビの世界でも大切な作品との出会いがあった。

一九八一年二月から三月にかけ、NHKの『ドラマ人間模様』の枠で、五回にわたって放送された『夢千代日記』だ。

吉永さんが演じたのは、山陰のひなびた温泉町で芸者置屋を営む女性、夢千代。母親の胎内で広島の原爆に遭遇し、原爆症に苦しんでいる。余命数年と宣告され、残された時間を懸命に生きようとする夢千代と、彼女を取り巻く人々の人間模様を描いたドラマは、多くの視聴者の心をとらえ、八二年に五回続きで『続 夢千代日記』、八四年に一〇回続きで『新夢千代日記』とシリーズ化された。

自らの苦しみに耐えながら、周囲の人々が起こす事件を冷静に受け止め、彼らの悲しみや痛みを優しくいやす夢千代は、脚本家の早坂暁《あきら》さんが最初から吉永さんをイメージして生み出したヒロインだ。吉永さんにとって「映画で『キューポラのある街』があるように、テレビでは『夢千代日記』がある」というほど、大きな意味を持つ作品になった。

だが、八六年に製作される予定だった第四シリーズは、吉永さんの意志で中止になった。シリーズごとに新たな男性と出会うという設定に、耐えられなくなったからだ。

そんなとき、『キューポラのある街』の恩師、浦山桐郎監督による『夢千代日記』の映画化の提案があった。「シリーズを終えるなら映画で」という思いがあった吉永さんは、この提案を受けた。だが、撮影中、「一つのせりふ」をめぐって、監督と対立することになった。

「あそこで、そのたった一つの台詞を譲らなかったのを見て、私は小百合さんのことを認めましたよ」（吉永小百合著『夢の続き』集英社文庫）。テレビドラマ、映画を通して、夢千代の置屋で働く菊奴《きくやっこ》という芸者役で共演した樹木希林《ききききりん》さんは、吉永さんとの対談でこう発言している。

樹木さんが言うように、女優としてどうしても譲れない一線だった。だが、吉永さんの心には、今もつらい思い出が残っている。

映画『夢千代日記』は八五年に公開された。その翌年、吉永さんは東京・渋谷で開かれた平和を祈る集会で初めて原爆詩を朗読した。ライフワークとなった原爆詩の朗読は、『夢千代日記』がきっかけだった。

立花珠樹

遅い脚本がライブ感生む

よく、夢千代が私のイメージとぴったり合っているとか、現実の私と重なっているとか言われるんですが、全然重なってないんですよ。皆さんがそう思ってくださっただけで、全然重なってない。夢千代が昭和二〇年生まれということになっていて、私も同じなので、なおさらそんなふうに思われてしまうみたいですが、あれは脚本の早坂暁さんが考えてくださったことなんです。早坂さんが、ご自分の戦争のときの体験や、昔お聞きになったことがある芸者さんのエピソードを、私と重ね合わせて書いてくださったメルヘンです。私自身は、いろんなことにアクティブに生きていく方が得意だし、役的にも、じーっと悩んじゃうような役や、耐える女というのは、本当は苦手なんです。

早坂さんとは、『夢千代日記』が初めてです。『ドラマ人間模様』という枠では、若山富三郎さんが出られた『続・事件 海辺の家族』(79)など、素晴らしいドラマを早坂さんの脚本で製作していたので、お引き受けしたということもあります。早坂さんと勅使河原《てしがわら》さん(勅使河原平八)というNHKのプロデューサーの方とお会いして、そのときはまだ何も具体的なプランはなかったんですけれど、その後、早坂さんからこういう話を書いてみたいと伝えられました。

ベースになっているのは、早坂さんが山陰の温泉地で芸者さんから聞いたという話なんです。「昔、夢千代さんというきれいな芸者さんがいて、お金持ちのお客さんに旅行に連れていってもらった。温泉地から一歩も出たことがなかった夢千代さんは、列車で瀬戸内海に出て、淡路島を見たら、あれ外国ですかと尋ねた。お金持ちはそれを聞いて夢千代に惚《ほ》れ込み、自分の奥さんにした」というお話でした。

それと、早坂さんご自身が被爆間もない広島で見た、燐《りん》が燃えているような光景が鮮烈に印象に残っていて、そういうものを重ね合わせて、かつ、あまり生々しすぎないドラマを書いてみたいということで、作ってくださったんです(「私は昭和二十年八月二十三日のヒロシマの夜を思い出したのだ。終戦間もないヒロシマは、一発の原子爆弾に破壊されて、二十万人近くの市民が殺傷されていた。十五歳の少年だった私は、ヒロシマ駅のプラットフォームに立ちすくんで、震えた。何百、何千、いや何万という燐光が無気味に燃えている。死体の燐が、折からの雨で発火して燃えているのだ。その時、燐光の海のなかから、赤ん坊の声が聞えてきた。〈略〉『吉永さん。あのヒロシマの燐光のなかで泣いていた赤ん坊を、あなたとしてドラマを書いてみたいと思う』」早坂暁『生き続ける夢千代』＝DVD『新 夢千代日記』NHKエンタープライズ発行所収の解説文より)。

というわけで始まったんですが、びっくりしたのは、実は早坂さんは遅筆、それも超遅筆な方だったんです。一回目のリハーサルをやったときは、さすがに、その前に脚本はできていたんですが、二回目からは、まだ本ができてなくて、稽古場に生原稿が一枚ずつ届くんですよ。印刷して製本する時間もないから、早坂さん独特の字体で書かれた手書きの脚本がコピーして配られるわけです。そうすると、印刷されたものとは違う何かを、感じるんですね。それは、演じるうえでプラスになったことなんですが……。

だけど、はっきり言えば、こんなペースの現場ですから、出ている俳優さんたちは、もともと自分の役がよく分かってないんです。まあ、私の夢千代は主役ですし、だいたいの役柄は分かるんですが、希林（樹木希林）さん、秋吉（久美子）さん、楠トシエさん、緑魔子さん、夏川静枝さん、中条静夫さん、ケーシー高峰さん、レギュラーで出ている方たちが皆、自分の役柄をはっきり知らない。当然、ほかの人の役柄もよく分からないまま、リハーサルに臨んでいるわけです。早坂さんの原稿が稽古場に届いて、リハーサルをやっているうちに、ああそういうことなの、と分かったりするんです。

第一シリーズに刑事役で出ている林隆三さんは、ドラマが進むと病気になるんですが、一回目を演じられたときには、まさか後半で病気になるとは思ってなかったかもしれません。

このインタビューの前に『夢千代日記』を見直したんですが、そうしたライブ感覚が、ドラマを面白くしているのかしら、と思いました。でも、実際にやっているときには、あまりそういうことは分からなくて、今までやってきたテレビドラマとは違うな、というくらいでした。

傷をいっぱい持った人たちの優しさ

演出の深町幸男さんとも、これが初めてでした。深町さんが「とにかく大げさな芝居はやめましょう」とおっしゃって、「しゃべるのも、普段しゃべっているくらいの声の大きさでいいんですよ」ということだったので、それで通しました。ワイヤレスマイクなんかない時代でしたが、現場で声をちゃんと拾ってくれましたね。

希林さんは、どちらかといえば、メリハリのはっきりしたお芝居をなさってますけれど、秋吉さんとか私とかは、ふわっとしている雰囲気の中でやらせていただきました。最初はどうなるんだろうって思いましたが、ああこういう作り方もあるんだと慣れていきました。

とにかく、小さな温泉町で、傷をいっぱい持った人たちが、言葉には出さないけれど、お互いにいたわり合っているというドラマです。そんな内容だから、セットでずっとやってる中で、出演者の間に不思議な連帯感みたいなものが生まれたんです。別に、しょっちゅう一緒に食事に行ったり、飲みに行ったりしたわけでもないんですが、なんか、皆の気持ちが通じ合ったたんです。

武満徹《たけみつとおる》さんの音楽も『夢千代日記』の世界をよく表現していましたね。今回、DVDで見直して、タイトルバックで映る余部《あまるべ》の鉄橋（JR山陰本線の余部鉄橋。二〇一〇年に防風壁を備えたコンクリート製の橋に架け替えられた）と海の波を見て、テーマ音楽を聴いているだけでたまらない気持ちになりました。

『貝殻節』という民謡に合わせて踊る場面が何度もあるんですが、私の踊りはたいしたことないんです。いつも踊りの途中で具合が悪くなってしまうので、希林さんに「いいよね、あんたは。途中までやっていればいいんだから」と、皮肉を言われていました。いじめられましたね。

希林さんとは、彼女が「悠木千帆《ゆうきちほ》」という芸名だった時代に、森光子さんと私でドラマをやったときから（70、日本テレビ『おふくろの味』第一シリーズ）ずばずば切られまくっていました。でも、それは、うそがなくて胸に響く言葉なんです。だから、とっても信頼していますし、ずっと仲良しです。いつかコンビでベティ・デイヴィスとリリアン・ギッシュが共演した『八月の鯨』（88）みたいな映画をご一緒できればいいと思っているんです。

ロケ地の湯村温泉（兵庫県新温泉町にあり、JR山陰本線浜坂駅からバスで約二五分。『夢千代日記』

の放送以降、『夢千代の里』とも呼ばれ、吉永さんをモデルにした夢千代の銅像が観光スポットになっている）には、セットの撮影が始まる前に撮りに行きました。途中でもロケ撮影があって、町のイメージはつかめました。ただ、早坂さんの本では、「いつも海鳴りが聞こえている」という設定なんですけど、本当の湯村温泉は、海からは程遠い山の中で、海鳴りはまず聞こえないんです。

なんでこんなに優しいんですか？

夢千代は、自分の周りでいろんな事件が起きて、それを受け止める。自分自身も傷を負っていて、ひっそりと生きている女性です。ＴＢＳの東芝日曜劇場で山本周五郎さんの短編が原作で、仲代（達矢）さんの奥さんの隆《りゅう》巴《ともえ》さんが脚本を書いた作品がいくつかあって（『鶴は帰りぬ』〈71〉『あだこ』〈72〉『つゆのひぬま』〈73〉）、そこではひっそりと生きている女性を何回かやりましたけど、それらは単発でしたし、『夢千代日記』のような連続ドラマで、こういう役をじっくりやったのは初めてでした。

第三シリーズの『新 夢千代日記』で、記憶喪失の元ボクサー役で共演した松田優作さんに「なんで、夢千代はこんなに優しいんですか？」と聞かれたことがあったんです。そのときは、うまく説明することができなくて、「いやあ、私にも分からない」って答えてしまったんです。

そしたら、その何回か後の脚本に「どうか、私に助けさせて下さい」「私はもう、なおらない病気をもった人間です。助けばかり呼んでいる人間です」「ですから、誰かの力になりたいのです」というせりふが出てきて、「ああ、そういうことなのか」と、納得したことがあります。夢千代は、マリアさまのような、観音様のような、無限に慈悲深い女性だったわけではなく、自分の中にものすごい葛藤を抱えていた女性なんですね。生きたいと思っても長く生きられないし、健康に生きている人に対してのねたみもあるかもしれない。でも、人を助け、優しくすることで、逆に自分の弱さやつらさをカバーしているんですね。このせりふを言うことで、あらためてこの役に納得した、いい役をやらせてもらったと感謝した記憶があります。

優作さんに聞かれたのは、初めて夢千代をやったときから三年後です。三年間かけて、こんなふうに感じること自体が、いかに大きな作品だったかという証《あかし》だと思いますし、「なんでこんなに優しいんですか?」と聞いた優作さんもすごい方だと思います。『北の零年《ぜろねん》』(05)で共演した渡辺謙さんや優作さんは、役の掘り下げ方が並大抵じゃないんです。謙さんは、せりふの一言一言を吟味して、ご自分で代わりの表現を用意することがありました。優作さんは、感覚っていうか、ご自分の中から何かをつかまえようとする思いで役を掘り下げていくんです。それで、私に、夢千代の優しさについて聞かれたんだと思うんです。

でも『夢千代日記』は人気があったということに加えて、連続ドラマで何週にもわたって放送されるから、観る人に強い印象を残すんです。最初が五本、「続」が五本、「新」が一〇本、全部で二〇本です。そのため、一本の映画とは比べものにならないくらい強烈に、夢千代という人物が観る人の記憶に残るんです。演じる者としては、それが重く感じることもあるし、それ以降の作品では、よくも悪くも観る人の先入観が強くなるわけです。例えば、『新 夢千代日記』の三か月後に『天国の駅』(84)が公開されたとき、実はこれは夫を殺す役なんですが、「夢千代が殺人してるみたいだった」と言われたことがありました。まあ、それは、仕方がないことかもしれませんが……。あまりにいいものに出会うと、そこから先が逆に難しいということなんでしょうね。

プロじゃないんです

『新 夢千代日記』が終わった後も、NHKからはもっとやってほしいって言われたんです。一九八六年には第四シリーズも予定されていたんです。だけど、私自身が違和感を持ってしまったんです。これはシリーズ化してどんどんやっていくものではないんじゃないか、どこかで幕を下ろさなければ、と思ったんです。

『男はつらいよ』の寅さんなら、何度恋をしてもいいと思います。だけど、夢千代は違う。新シリーズで新しい素敵な男優さんが出てきて、また夢千代が新たな恋をする、恋をするというところまではっきり表現はしてなくても、新たな男性に心をときめかせる、心が通い合うということに、私自身が許せなくなってしまったんです（第一シリーズでは、岡田裕介さんがかつて駆け落ちまでした旅館の息子、第二シリーズでは、石坂浩二さんが夢千代と愛を確認する元美術教師、第三シリーズでは松田優作さんが心を通い合わせる記憶喪失の元ボクサーとして登場した）。

だから、そういうところが、私は全然プロじゃないんです。プロだったら、別にこれは現実の世界の出来事ではなくて、ドラマなんだから、次々に前作以上のものを作っていけばいい、と割りきれるのかもしれません。だけど、私はそういうふうになれないんです。

ラジオの子役に応募したのがきっかけで、芸能界に入ったときは、全然プロという気持ちはありませんでしたし、その後日活に入ったときもアルバイトのつもりでした。結局、ずっと、基本はアマチュアなんですね。仕事をしているうちに、映画がものすごく好きになって、いい意味では一つ一つの作品で新鮮に仕事をやれているんですが、悪い意味で言えば、なんかアマチュアだなあと自分でも思うことが結構あるんです。もっとプロフェッショナルになりたいと思うこともあります。

周りの方は、それが私の個性じゃないか、今までになかったかたちを作ったんじゃないか、と慰めてくれますが、本当に何か新しいものを作れたかどうかは、死んでみないと分からないです。プロは引退があるけれど、アマチュアには引退はないのかなと思ったりもするし、これから先がどういう道になるのか、自分でも分からないんです。

そういうことがあって、テレビの第四シリーズの話をお断りしたときに、浦山(桐郎)さんの監督で映画化という話が来たんです。浦山さんとは『青春の門』の後、アニメ映画の『龍の子太郎』で「龍」の声役で出演して以来でした。『龍の子太郎』は、浦山さんが、ご自分のお子さんのために作りたいという思いが伝わってきて、私はとても好きな映画です。

それで『夢千代日記』のことですが、早坂さんが、浦山さんに監督してもらって映画にしたい、という気持ちを強くお持ちだったと思います。私の中にも、賛成する気持ちがありました。私は映画女優だからぜひ映画で終わらせたい、というほど強い決意ではなかったのですが、どこかに、もし、シリーズを終えるなら映画で、という思いはありました。

そして、映画の最後に「続」という字が出ないかたちで、幕を下ろすためには、結局、夢千代が死ぬという設定しかないだろう、と早坂さんも浦山さんも私も思いました。そうすることで、もう二度と演じることができない役を、思い残すことがないほど演じきろう。そう思って、撮影が始まりました。

「ピカが憎い」と言えなかった

撮影が始まって、自分ではっきり分かったのは、私はずっとテレビでやってきたので、自分の夢千代像というのができちゃっているということです。でも、浦山さんは社会派の監督としてあの映画を撮りたい、という思いが強かったと思うんです。

早坂さんの脚本に、夢千代が死の床で「ピカが怖い」と言うせりふがあったんですが、浦山さんはそれを「ピカが憎い」と変えてほしい、とおっしゃったんです。「憎い」という言葉に社会派としてのメッセージを込めたかったんだと思います。

でも、私の中の夢千代は「ピカが怖い」とは言うけれど、「憎い」とは言わないんです。何度考えても、どうしても「憎い」とは言えませんと監督に申し上げ、何日も話しましたが、なかなか一致点が見いだせずに、結局「怖い」とも「憎い」とも言わないで、撮影することになったんです。

テレビの『夢千代日記』には、どこかメルヘン的なところがあったし、私自身、映画にもリリカル（叙情的）な部分があるように望んでいたと思います。それに、自分なりの夢千代像ができあがっていたこともあって、どうしても「憎い」と言えなかったんです。自分の中の夢千代というのがあまりに大きすぎて、監督の作る違う夢千代にはなれなかったということですね。映画に入る前に、しっかり話し合いをしないままに入ってしまって、始まったら「えっ、違う、私がやってきた夢千代はこうじゃないのよ」という心の声がどんどん大きくなって、浦山さんを苦しめてしまったということです。

自分がどうしてもここは譲れないと言ったことに関しては、後悔はないんです。でも、そのことで監督につらい思いをさせてしまったのは確かです。浦山さんとぶつかったのは、生涯であのとき一度だけなんですが、浦山さんが『夢千代日記』の公開後数か月で亡くなったのは私のせいだ、寿命を縮めてしまったかもしれない、という思いがどこかにあるんです。浦山さんは、あの作品の前も心臓の具合が悪くって、病院にお見舞いに行ったりしたこともあったんですが、あの後、やっぱりお酒の量が増えちゃったようで……。

浦山さんは、私にとっては本当に大切な恩師ですし、私生活では女性の母性本能をくすぐるようなところがある愛すべき方だったと思います。私は『キューポラのある街』でお会いしたときにまだ一六歳でしたし、監督は三一歳でしたから、まったくそういう感情はなかったんですが。でも『キューポラのある街』に出たときに、とび抜けた才能がある方というのはすぐ分かりました。監督の才能というのは、俳優には感覚的に分かるものなんです。

もう一つ、この映画に関しては、自分の決断が正しかったかどうか迷ったことがありました。『夢千代日記』を観て励まされてきた被爆者の方たちにとっては、映画の中で夢千代が死ぬのはとてもつらいことだった、と公開後に聞いたときです。自分は一生懸命考えて、そういうかたちで終えることがいいんじゃないかと思ったのですが、うーん、間違えたかしら、とそのときは思いました。かといって、テレビで続ければよかったとも、思いませんでしたけれど。

映画というのは、いつもやり終えた後に、ああ、あそこは間違えたというところや、満足できないところがあるから、次の作品に向かえるということもあるんでしょうね。もちろん毎回、パーフェクトを目指していかなきゃいけないんですが、なかなかそれは難しいですね。

テレビドラマについては、『夢千代日記』の後は、連続ドラマはまったく出てないです。八九年にフジテレビの『春までの祭』という山田太一さんのオリジナル脚本のドラマに出たんですが、それは第二章でお話ししたように、笠智衆さんがテレビ最後の作品になるだろうということだったからです。笠さんとは『愛と死をみつめて』以来、何度も共演してきて、本当に尊敬するお手本にしたい方だから、最後にご一緒できればということで出ましたが、それ以来、テレビドラマには出ていません。

『夢千代日記』のときは、NHKの中でリハーサルを二日間、本番を二日間やって、ロケは別に行くという撮り方だったのですが、今はリハーサルの時間はほとんどないらしいです。全部細切れで、リハーサルなしに、ワンカットずつ撮っていく。かつての私にとっては、テレビの魅力って、四台のカメラで同時に撮るということも含め、映画と違う撮り方が勉強になるところだったんですが、それが全然撮り方が変わってしまって、あまり出ようという気持ちにならなくなってしまったんです。それに、自分が観ている立場でも、テレビはドキュメンタリーや、生ニュースやスポーツに魅力を感じるんです。そういうところも理由かもしれません。

あらためて思ったんですが、テレビドラマ出演に、今それほど魅力を感じないというのは、『夢千代日記』があったからですね。もう、これがあれば十分、という気持ちなんです。

映画で『キューポラのある街』があるように、テレビでは『夢千代日記』がある。私にとって、それくらい大きな作品です。

『夢千代日記』に出たのがきっかけで、被爆者の団体の方とお会いして、いろいろお話を伺ったり、参考資料をお借りしたり、さまざまなことでお世話になりました。それが縁で、東京の平和集会で原爆に関する詩を読んでほしいって言われて、渋谷にある東京山手教会で開かれた集会に行って原爆詩を読んだんです。映画『夢千代日記』公開の翌年の八六年でした。そのとき初めて朗読した原爆詩が、自分の心にも深く響いて、それからいろんなところで被爆者の方の思いを伝えていかなければならないという気持ちで、今もライフワークとして続けています。

そういう点でも、私の人生にとって、『夢千代日記』は大きな意味を持つ作品でした。

一七年の暮れに、『夢千代日記』の原作者で脚本家の早坂暁さんが亡くなられました（一二月一六日、腹部大動脈瘤破裂で死去、八八歳）。これまで大きな病気をして、何度も手術を受けても、フェニックスのように快復された方でしたし、信じられない思いでした。「遅坂さん」と私たちが慕った早坂さんが、「すまん、すまん」と笑いながら戻ってこられるような気が、今でもします。

第七章

巨匠の魔法にかけられる

一九八〇年代に四本の市川崑作品に出演

『細雪』

『細雪』（1983）の撮影現場。市川崑監督と　（©TOHO CO., LTD.）

一九八〇年代、吉永さんのその後の女優人生に大きな影響を与える出来事があった。巨匠・市川崑監督との出会いだ。

文芸作品から娯楽大作まで幅広い作品を手掛け、『ビルマの竪琴』(56、85)『野火』(59)『おとうと』(60)『東京オリンピック』(65)『犬神家の一族』(76)などで知られる市川監督の作品に、吉永さんが初めて出演したのは、『細雪』(83)だった。

谷崎潤一郎さんの同名の長編小説を原作とするこの映画は、昭和一〇年代の関西を舞台に、かつては大阪・船場で栄華を誇った蒔岡《まきおか》家の美しい四姉妹が織りなす物語。吉永さんが演じる三女、雪子の結婚話がドラマの軸になっていく。口数が少なく、周囲から持ち込まれる見合い話に、はっきりと意思表示しない雪子は、吉永さんがそれまで演じたことがないタイプの女性で、出演依頼を受けたときは、「それほど積極的にやりたいという気持ちではなかった」という。

だが、撮影が進むにつれ、吉永さんは市川監督の魔法にかけられていく。映画の画面に映った雪子を見た驚きを、自らこう記している。

「おとなしくて、自分の意見をいわない。けれども強い意志と女の魔性を秘めています。でき上がった映画の中に今までの私と違う、新しい私を見つけました」(『夢の続き』)

公開された『細雪』は好評で、吉永さんの演技も高く評価された。そして、市川・吉永コンビは、宇野千代さんの同名小説を原作とする『おはん』(84)、映画監督で脚本家の新藤兼人さんが書いた『小説田中絹代』を原作とする『映画女優』(87)、民話『鶴の恩返し』をベースとし吉永さんの映画出演一〇〇本目の記念作品となった『つる 鶴』(88)と、『細雪』を加え計四本の作品を八〇年代に生み出していく。

立花珠樹

ちょっとふくれたこともありました

田中友幸プロデューサーから最初にお話をいただいたときには、山本富士子さん、佐久間良子さん、私、古手川祐子さんの四姉妹だったんです。山本さんがお断りになって岸惠子さんに代わったということですが、詳しいいきさつは知りません。

市川崑監督は日活時代に、石原裕次郎さん主演の『太平洋ひとりぼっち』（63、石原プロモーションの映画製作第一回作品、日活配給）を撮っていらっしゃったとき、遠くからお姿を拝見していたんですけど、実際にはお会いしたことはありませんでした。

実は『細雪』の原作を読んだとき、雪子っていうのは「うーん、あんまり面白くないなあ」と思っていたんです。だからそれほど積極的にやりたいという気持ちじゃなくて……。でも、お話を受けて、やってみようと思って脚本を読みましたが、今一つ核心をつかめないまま、撮影に入ったんです。今にして思えば、脚本に書かれていない、黙っているところでの芝居が面白かったということなんですが、撮影前はそこは分かりませんからね。

撮影が始まって最初のシーンで、いきなり戸惑うような出来事がありました。満開の桜の季節に、四姉妹と次女の夫の石坂浩二さんが京都の料亭の座敷に集う場面です。桜明かりというんでしょうか、監督は、戸外の桜が透けて、座敷の障子が薄い桜色になるのを表現したかったんです。それと同時に、その桜の色を、私たちの顔のアップのときにも感じさせたかったようです。芝居を全部撮った後で、監督がその色が気に入らないと、その度にまた最初から撮り直しになりました。それが、とっても長くかかったんです。

雰囲気よく芝居ができたと思っても、撮り直しになったり、朝から振袖を着てきちんと正座して出番を待っていても、私のところまで撮影が進まなかったりすることもありました。あそこは、みんなで座敷に集まって、私はただ黙ってみんなの話を聞いているシーンなんです。メイクや着物の着付けにもずいぶん時間がかかり、それからセットに行くんですが、しゃべる人から一人ずつ先に撮っていくんです。そうすると、私のところはみんなの話へのリアクションだから最後になるわけです。結局、ずっと朝から撮っていて、私のところまでいかないで「すみません、明日にします」っていうことが何度かあって……。ちょっとふくれたこともありました。

それが、監督に伝わったんでしょうね。ある日、「堪忍してや」と監督に言われたんです。「しゃべる人をどうしても先に撮ってしまうんでなあ」とおっしゃるので、まあしょうがないな、とあきらめました。でも、とにかくそのシーンだけで延々時間がかかるし、これは大変なことになるなって思いました。

自分の意地悪な表情に驚いた

映画を観た人から、雪子がどんな人なのかよく分からない、と言われたことがありました。確かに謎でしょうね。こんなに不思議な役をやったのは最初で最後かもしれないです。私自身も現場では、雪子をよくつかめないまま、監督がモザイクのような感じで撮り進めていく部分がどういうふうにつながるのか、さっぱり分かりませんでした。

岸さんが演じた長女の夫役の伊丹十三さんの利己的な態度をなじる場面があります。あのとき、雪子が、必死で自己弁護する義理のお兄さんをさげすむように見ます。私は、現実はもちろん、映画の中で、そんな感情を表現したことがなかったので、どうすればいいのか迷いました。でも、現場で監督がそばに来て「こういうふうにしてや」と、くちゅくちゅっとおっしゃるんです。それを聞いてやっているうち、乗っていった記憶があります。

試写室でその場面のラッシュを観て、驚きました。どうしてこんな表情を作れたのかと、われながら信じられないほど、意地の悪い表情でした。映画の中で私が見せたことがなかった顔でした。試写室を出たときに、岸さんに肩をぽんとたたかれて「あなた、今の表情、すごみがあって、面白かったわよ」ってほめていただいたんです。岸さんの言葉で、ああ、そうなのかしらっていう自信を持つことができました。

初めての監督さんとのお仕事の場合は、好き嫌いということではなくて、微妙に合わないときがあるんです。でも、市川さんの場合は、最初は「何なんだ、これは?」と思ったのに、撮影が進むにつれて面白くなっていきました。

そのさげすんだ目の場面を通り越した後は、もう、どんなシーンにも抵抗感がなくなりました。岸さんが、雪子が奥歯にはさまったお茶がらを取るカットは嫌だったろうとお書きになっていますが(「小百合さんは多分気に染まなかっただろうと思う面白いシーンがあった。奥歯にお茶がらが挟まって、それを口をゆがめ、舌で絡め取って指先でつまみだすカット。〈略〉このカットがあるために雪子が生身の人間になる。それをさりげなく演じた小百合さんにも感心してしまった」岸惠子・吉永小百合著『歩いて行く二人』世界文化社)、そのころはもう最後の方ですから、全然違和感なくやれました。

佐久間さんの夫役の石坂さんに対する態度なんかも、撮ってるうちに、ああ何かこの役は面白いなって感じて、監督が考えていらっしゃる、作ろうと思っていらっしゃる雪子像に、どんどん近づいていった感じです。突然部屋に来た石坂さんに、着物の裾が乱れたまま挑発するような視線を送る場面も、なるべくゆったりと裾を直すようにしたのを覚えています。とにかくこの作品では、視線とか唇のほんのちょっとした動きとかの細かいしぐさを、これまで経験したことがないほど意識させられました。

日活時代は、それほど細かい芝居を要求されることはなかったんです。その中では蔵原惟繕さんは、表現にこだわりがある方でした。第三章でちょっと言い損なったんですけど、『愛と死の記録』のときに、渡（哲也）さんが演じた幸雄という恋人が死んでしまった後に原爆病院の院長と対峙《たいじ》するところがあったんです。どうして病状を予測できなかったのか、「先生！残酷です！」と院長を責めると、院長役の滝沢修さんが「いいですか、私も幸雄君の仲間ですよ。広島駅でピカでやられた。そのせいか、このはげ頭で」って言う場面があるんです。蔵原さんから、そのとき笑えって言われたんですが、私は笑えなかった。一途な気持ちの娘だから、とても笑うどころじゃないって思ったんです。でも、今思うと、蔵原さんは、笑うことで、より一層娘のつらさを表現できると考えて、そのことを望まれていたのかもしれないですね。

『細雪』は、それから一七年後です。市川さんにお会いして、ああいう役をやらせていただき、それこそ、魔術師のような監督に魔法をかけられて、自分では意識しないままに何かやれたっていう作品でした。

市川さんの映画では、心を作ったりしなくていいんです。かたちで表す。かたちで表したものを、監督がご自分で積み重ねて編集していくわけですから。俳優に注文されるときは、必ずそばに来て、ぼそぼそぼそぼそっておっしゃるんです。くちゅくちゅくちゅっ、とね。ほかの人は誰も、監督がどういうことを言っているのか分からない。

例えば、同じ名監督でも浦山（桐郎）さんは、心をすごく重んじた方でした。一つ一つの演技がどうとかいうんじゃなくて、大前提のところでどういうふうに役をつかまえるかっていうことを、大事にされた方です。

市川さんは少し違って、技術的なこともとても大事にされました。ご自分がルーペで明暗をチェックするほど、照明の光と影に関してはとてもうるさいし、もちろんカメラものぞかれるし、いろんな細かいテクニックを駆使して、芸術作品を作っていこうという姿勢が伝わってきました。

モザイクのように撮って、つなぎ合わせるというのも、ただ、だらだらと撮って、その中で自分がほしいものをつないでいくというのではありません。きちんとカット割りをして必要な部分だけ撮って、それをつなぎ合わせていくわけです。初めからご自分の中で、明確に設計図ができているから、その中で俳優をいかに動かしていくか、そのためには照明やカメラをどうしていけばいいか、ということがあらかじめ計算されているんです。無駄なものは全然ない。ただそれだけこだわりがあるために、ちょっと気になるところがあると、撮り直しになってしまうわけですね。

『細雪』の着物は、市川さんがご自身でデザインして、呉服屋さんがそれぞれのキャラクターに合わせて特注で作ってくださったんです。『細雪』の昭和一〇年代当時の雰囲気を表現するためには、今の着物ではだめだというので、普段着も含めて当時の着物を再現したんです。『おはん』のときも、竹久夢二の絵をモチーフにして着物を全部作りましたし、市川監督の映画は、まず、着物から始まるんです。

〝性格の不一致〟がいい岸惠子さんとの関係

長女の鶴子を演じた岸さんとは、これが初めての共演でした。私の意地悪な表情をほめてくださったエピソードを先ほど紹介しましたが、岸さんの方からどんどん話しかけてくださって、面白い話をしてくださるし、とてもオープンに自分をさらけだす方です。この映画がきっかけで、今もずっと仲良くさせていただいています。

実は、『細雪』の前、一九七〇年代の後半だったと思いますが、桐島洋子さんがアメリカで三人の子どもたちを育てる話を書いた『マザー・グースと三匹の子豚たち』という本を、市川喜一さんというプロデューサーの方が映画化したいとおっしゃって、私が主演して監督を岸さんに頼もうというお話がありました。アメリカロケに行って半年くらい向こうで撮るという予定だったんですが、うまく企画が通らなくて、結局話がなくなっちゃったんです。それが、もし通っていれば岸惠子監督というのが実現していたんですが。

イヴ・シャンピさん（フランスの映画監督、医師。監督作『忘れえぬ慕情』〈56〉で主演した岸さんと一九五七年結婚、一女をもうけるが、七五年に離婚。八二年一一月五日、六一歳で死去）が、亡くなったときは、『細雪』の撮影中で、たまたま一緒に撮影所にいたんです。撮影が始まる前、朝だったんですが、岸さんはひどく泣いていらして、とても撮影ができない感じでした。それで、監督が「惠子ちゃん今日はやめような」っておっしゃって、その日の撮影は中止になったんです。それくらい正直にご自分を出せる方です。

ぱっと思いついたらその場でこうしようって行動なさっちゃう。大人の女性ですが、かわいらしさがいっぱいある方なんです。

私は、小さいときから、いろんなものを背負って生きてきたからかもしれないんですが、岸さんのように素直に自分を出せないんです。自分の欠点や失敗も、なかなか人に言えないんです。この前、たまたまジョディ・フォスターが、同じようなことをインタビューで答えているのを読んで、彼女もそうだったんだと思って、共感しました。

でも、岸さんと私は違うタイプだから何でも言い合えるし、私とは全然違う感覚でものを見てらっしゃるから、面白いんですね。一緒に出した本(『歩いて行く二人』)に書いたんですが、「即断する岸さんと、なかなか決められない私」の「性格の不一致」がいいんです。だから、会話が弾んで、キャッチボールができるんだと思います。

共演者の話といえば、石坂浩二さんとはテレビの『娘たちはいま』(67〜68、TBS)という連続ドラマで共演したのが、初めてだったと思います。八千草薫さんが私のお姉さん役でした。その後、『続 夢千代日記』でもご一緒していますし、『細雪』の翌年の『おはん』は石坂さんをめぐる二人の女の映画です。

石坂さんがすごいのは、というか困るのは、本番の一〇秒前までべらべらほかのことをしゃべっているんですよ、で、ぱっと一〇秒前になったら役になれる人なんです。私は朝からその役の気持ちでいないとできないタイプなんで、それに惑わされないようにするのが大変でした。お料理が好きで、昼休みには市川監督のためにお昼ご飯を作って上げる、優しくて幅広い趣味をお持ちの方です。

真剣勝負をして火花を散らしてみよう

『細雪』をやっている途中で、岸さんから「監督が小百合ちゃんにやってもらいたい映画があるらしいのよ。聞いて上げて」と言われました。それが『おはん』だったんです。

『おはん』は宇野千代さんの原作で、石坂さんが不甲斐ないけど憎めない夫の役で、夫が外に女を作ったのを知って、女房のおはんは身を引くんです。でも七年後に、夫と再会して逢瀬を繰り返すという話です。

この作品で、市川監督は、文楽を映画の中に取り入れようと試みていらっしゃいました。私も、『細雪』のときは、何も考える余裕がなくて、ただ監督のおっしゃるままに動いたんですが、『おはん』では、市川さんが人形遣いで私は人形、だから監督に動かされるままに演技してみようと意識しました。市川組が二作目になり、少し雰囲気にも慣れたせいで、自分が変化しました。「そこでかすかに揺れて」「切なくヒィと泣いてほしいんや」と、監督に注文されるままに動きました。ラストシーンで「観音様のように笑ってや」とぼそぼそっと言われたときは、観音様ってどんなふうに笑うんだろうと思いましたが、なんだかふわっとした気持ちになってやれました。

市川監督との三作目が『映画女優』です。映画に携わる者としては、市川さんの映画に対する思いが伝わってきて、演じていてもめちゃめちゃ楽しかったですね。

最初は、監督から「これ、やりたいんだけど」って新藤兼人さん原作の『小説田中絹代』を見せられたんです。私は、日活時代の『光る海』で初共演したときは、貫禄に圧倒されて震えっぱなしでしたし、NHKの大河ドラマ『樅《もみ》ノ木は残った』(70)もやっているし、『女人平家』では田中さんが乳母で私が平清盛の娘の役をやらせていただいて恐縮しっ放し、大先輩の女優としてのすごさをよく存じ上げていました。

だから、とても、田中絹代さんを演じるわけにはいきませんってお断りしたんです。そしたら〝魔術師〟が、「田中絹代でもない、小百合ちゃんでもない、一人の映画女優をあなたと僕の二人で作ってみようや」とおっしゃったんです。その言葉にもうぽろっと、だまされたといったら語弊がありますけれど、「あ、それは面白いな」と思って、やることにしました。やらないで後悔するより、当たって砕けてみようと決心したんです。

それで脚本を読むと、田中さんの半生を描いたこの作品ですごく興味深いのは、田中さんと溝口健二監督(映画の中での役名は溝内監督)との火花を散らすような関係ですね。よし、それなら、私も市川監督とぶつかり合い、真剣勝負をして火花を散らしてみようと思いました。

映画館に通って七回観ました

「溝内監督」役の、菅原文太《ぶんた》さんとは、初共演でした。難しい方だというようなことを聞いていたんですが、全然そんなことはありませんでした。

撮影中も、ああいう関係の役ですから、そんなにたくさんお話はしませんでした。でも、一緒に芝居をして、文太さんに引っ張られて芝居ができた。すごく力がある俳優さんだと思いました。

映画の中で、初主演した溝内作品の撮影を終えた田中絹代が、徹夜明けで、撮影所のそばを流れる鴨川《かもがわ》に入り疲れをいやしていると、溝内監督がすっと現れて「冷たいでしょ」「撮影終わりましたね。よく体がもちましたね」と声を掛けてくれるシーンが大好きです。今も、私の中で〝一枚の絵〟になっています。監督と女優の微妙な雰囲気っていうのが、文太さんとやったことで出せたかしら、という思いがします。とてもいい思い出です。

お母さん役の森光子さんと、ああいう不思議な親子の関係で丁々発止と渡り合えたのも楽しかったです。森さんの当たり役だった『放浪記』の原作は、私の中学生のころのバイブルなんです。私も貧しかったし、林芙美子が貧しさを乗り越えてたくましく生きるというのがとても好きで、森さんの舞台『放浪記』も何度も観ました。森さんが年を重ねるごとに若くなっていかれるのに驚きました。

森さんと希林（樹木希林）さんと共演したテレビドラマの『おふくろの味』のときは、お二人から「もっといろいろ冒険しなければ」と叱られた記憶があります。お二人ともそのころ、たばこを吸っていらしたし「あなたも、たばこくらい吸わなきゃどうするのよ」と言われて、吸ってみて、どーんとひっくり返ったこともありました。そのころ、私はあまりに忙しく、心を閉ざしているようなところがあったので、お二人に「もっとオープンにいろいろやらなきゃだめよ」と言われたこともありました。

『映画女優』の後、『千年の恋　ひかる源氏物語』（01）で、私が紫式部を演じたときに、森さんに清少納言で特別出演していただいたんです。私がお手紙を出して、何とか出てください、とお願いして、ワンシーンだけ出ていただき、一緒にお食事したのが、最後の共演になりました。

ところで、この『映画女優』は、ラストカットが話題になったんです。すごく衝撃的な終わり方なんです。溝口健二監督の『西鶴一代女』（52）を思わせる映画の撮影シーンで、唐突に終わるんです。それに対して封切り当時は賛否両論があり、それを確かめようとする気持ちもあって、映画館に通って七回観ました。観れば観るほど、この映画が好きになりましたし、私は、市川さんの感覚、才能がラストカットに込められているんだと思います。

自分の出た映画は必ず映画館で観るようにしているんです。お客さんの受け止め方も知りたいですしね。もちろん、七回というのは最多です。

『映画女優』は八七年一月に公開されたんですが、その二か月後に私は四二歳になりました。原節子さんが最後の映画作品（62、稲垣浩監督『忠臣蔵 花の巻 雪の巻』）に出演した年齢です。田中さんもその年齢でとても悩まれたと聞き、自分もずいぶん迷いました。舞台の女優さんだったら、年齢というのはそんなに関係ないですよね。例えば杉村春子さんは年を取っても、一〇代の少女から年を重ねたところまで一つの舞台で演じられたわけです。もちろん演技力ということもありますけど、映画の場合は、なかなかそれは難しいんです。

でも、この『映画女優』に出たことで、自然なかたちで映画にかかわっていくことが、自分にとって一番いい生き方だと思えるようになりました。私は、田中さんみたいに自分の歯を抜いて年を取った役をやるようなことはできないんですが、映画女優として自然に年を重ねていけばいいんだ、そのまんま映像の世界でやっていけばいいんだ、と思いました。原さんのように、完全に外部の世界と接触を絶って生きていける時代でもなくなってきましたから。

『動乱』でもう一度映画をやってみようと思い、『映画女優』で年齢のこともふっきれてからは、また今までとは違ったかたちで映画が好きになって、それがどんどん大きくなって……。だから、映画女優で終わりたいなと思っています。いい映画は半永久的に残る、というのも、嬉しいことですし。

もっとも、今まで続けていられるのは、幸運がすごくあったと思います。大きな事務所を持たず、所属もしないで、自分の好きなものをやれるという体制をわりと早く作れたので、焦ることもないし、いいものがなければ何年も待てるんです。もし、どこかの事務所に所属していたり、スタッフをたくさん抱えていたりしたら結構大変だったと思います。

市川さんとの四作目は『つる 鶴』です。

そのころちょうど自分の甥《おい》や姪《めい》が幼いころで、そういう子たちにも観せられるような民話をやりたいと思って、いろいろ苦労しながら実現できた映画です。キャストを決めるときは、監督が義母役には希林（樹木希林）さんをぜひとおっしゃって、私は夫役には野田秀樹さんをぜひと監督に申し上げ、三人でやったんです。ジャムセッションのように刺激的な撮影でした。

『つる 鶴』の後、一〇年くらいたって、監督から「こんなのどうや」と、いくつかお話をいただいて、南平台（東京都渋谷区南平台町）のお宅に伺ってご相談したんですけれど、結局、原作の問題とかいろんなことで実現しなかったんです。残念でした。

市川監督はそれからも常に私の映画を観てくださって、ハガキに、ちょっとした感想を書いて送ってくださいました。それが嬉しくて。

最初のときだけは、戸惑いましたが、私にとって？　とても大事な監督でした。

第八章

松田優作さんと、同志のように寄り添えた

深作欣二監督作品で与謝野晶子役

『華の乱』

『華の乱』監督／深作欣二(1988年)　© 東映

吉永さんが、『仁義なき戦い』（73）『蒲田行進曲』（82）などで知られる深作欣二《きんじ》監督の作品『華の乱』に出演、ヒロインの歌人、与謝野晶子を演じたのは、一九八八年だった。

永畑道子さんの小説『夢のかけ橋――晶子と武郎有情』と『華の乱』を基にして、晶子を中心にした人間模様を描いた文芸大作。晶子をはじめ夫の与謝野鉄幹、作家の有島武郎《たけお》、アナキストの大杉栄《さかえ》、女優の松井須磨子、雑誌記者の波多野秋子ら、大正時代を彩った実在の人物が織りなす物語を華麗に描いている。

初めての深作作品だった。「深夜作業組」という異名があった深作組に参加するにあたって、吉永さんはコンディションを維持するために「夜の撮影は一二時までに終えてほしい」と要望していた。だが、深作監督の撮影スタイルは変わらず、約五か月続いた撮影で、吉永さんは「五年ぐらい寿命が縮まったと思うほど」疲れきったという。

だが、大きな収穫もあった。映画で吉永さんが演じた晶子は、有島と恋愛関係があったとする原作に沿って描かれる。妻子ある鉄幹のもとに走り、鉄幹と結婚して一二人もの子どもを産んだ後、有島と相思相愛の関係になる。たぐいまれな才能とエネルギーを持ち、ときには「炎に狂った一匹の蝶《ちょう》のように」情熱に身を焦がす晶子を、吉永さんは体を張って演じきった。

緒形拳さんが演じた鉄幹や、松田優作さんが演じた有島とのどきっとするようなベッドシーンもあれば、子どもたちや鉄幹と取っ組み合うシーンもあった。テレビドラマ『新 夢千代日記』での初共演以降、同志のような連帯感を抱いていた松田さんに、「しっかり寄り添って演技ができた」という充実感もあった。だが、松田さんは『華の乱』公開からわずか一三か月後に、四〇歳の若さでがんで急逝し、これが最後の共演になってしまった。

深作監督の度外れた映画作りへの情熱、松田さんとの最高の思い出……。『華の乱』は、吉永さんにとって忘れることができない大切な映画の一本になった。

立花珠樹

京都の桜があまりに美しく

深作監督とは、この作品が初めてでした。結局、これ一本だけだったんですけど。

もともとは、永畑道子さんの『夢のかけ橋——晶子と武郎有情』の映画化、ということでスタートしたんですが、「二人の話にしぼるより、大正ロマンにしたい」という深作さんのご意見で、同じ永畑さんの『華の乱』の要素も入れ、タイトルはこちらにしたんです。深作さんは「乱」がお好きですから。

晶子を演じるために、原作はもちろん、いろんな本を読みましたが、実際の演技で一番難しかったのは、短冊に歌を書くシーンです。短冊を下に置いて書くのではなく、左手に持った短冊に、右手に持った筆で歌を書いていく。京都の書家のお宅に伺って習ったんですが、とても難しい。深作さんは、こういう動きも完全を求める方ですから、本番でも緊張しました。

撮影は京撮（東映京都撮影所）でした。『動乱』は東撮（東映東京撮影所）でしたので、初めての京撮は映画の『夢千代日記』だったと思います。よく、京撮は独特の男っぽい雰囲気があって怖いと言われますけれど、それほど感じませんでした。一九八〇年代後半は、もう以前ほどヤクザ映画は撮ってなかったから、雰囲気が違っていたのかもしれません。

深作監督の組は、監督の名前にかけて「深夜作業組」という異名があって、夜遅くまで撮るので有名だったんです。やっぱり、夜中になればなるほど、映ったときに疲れた顔になる可能性が大きいので、撮影に入る前に監督に「夜の撮影は一二時までに終えてほしい」とお願いしたんです。監督はオッケーしてくださったんですが、初日であっさり反故《ほご》にされました。

初日の撮影は、夜の京都で、晶子がはらはらと散る桜吹雪の中を人力車に乗って、鉄幹の待つ宿に駆けつける、映画全体のファーストシーンだったんです。『細雪』と同じように、桜の京都から映画が始まりますが、『細雪』は秋に撮りましたから、すべて作った桜なんです。でも『華の乱』は本当の桜です。当初は三月下旬に撮影を予定していましたが、あの年は桜が咲くのが遅く、京都入りした後、一〇日くらい開花を待ちました（気象庁のデータによれば、八八年の京都の桜の開花日は四月五日）。

その桜が素晴らしくてね。深作さんが満開の桜の下を走り回って「素晴らしい、何て楽しいんだろう」とおっしゃっていたのをよく覚えています。それから時間がどんどん過ぎていって、夜中の一二時はとっくに回っちゃったんですが、監督から「吉永さん、こんな楽しいことしているんだから、早く帰ろうなんて言わないでよ」と言われてしまったんです。

監督は夜がふけるにつれて、お元気になるタイプなので、それから毎日、二時、三時まで平気で撮影が続くんです。で、朝も結構早くからやるんです。ところが朝は、夜ほどには頭がさえていらっしゃらないのかしら、今一つ調子が上がらない。朝撮ったシーンをもう一回、午後から撮り直したり、「うーん、何か違うんじゃないかなあ」とおっしゃって、カメラの位置をまったく違うところからやり直したり、そういうことがよくありました。現場で待つ時間が多いわけじゃなくて、ずーっと撮り続けているんですが、現場での変更が多いんです。それだけ完璧を求めているということです。

一日のうちで、ロケに行って帰ってきて、また夕方からセットで撮影なんていうときもありましたし、私は出ずっぱりでしょ。三月末に始まって八月まで続いた撮影が終わったときには、五年ぐらい寿命が縮まったと思うほど疲れました。それほど大変な撮影でした。

そういえば、ある日、下鴨《しもがも》神社で朝からロケをしました。晶子と子どもたち、有島と彼の息子たちが連れ立ってピクニックに行くシーンです。夕方までロケをして撮影所に戻り、まったく別のシーンをセットで撮影する予定でした。でも、私、あまりに疲れちゃったんで、「今日はセットはやめましょうよ」と製作主任の方にお願いして、深作さんとカメラの木村大作さんと優作さんと食事して、その後、歌ったりダンスしたりできるお店に行きました。深作さんとジルバを踊りました。監督も私もあまり上手じゃなかったですけど。

その晩は、優作さんは歌を歌ってらっしゃいました。河島英五さんの歌だったと思います。大作さんも歌いました。井上陽水さんの『夢の中へ』がお得意なんです。忙しい間の、たった一晩だけの宴席でしたけど、とびっきり楽しかったです。

緒形拳さんの包容力

深作さんは、どんなときでも、どのシーンでも台本をご覧にならない。すべてのシーン、すべてのせりふが頭の中に入っているんです。信じられないことでした。

現場でせりふを変更したことはなかったと思いますが、常にベストの演出を考え、俳優にも最高の芝居を求めていらした。現場であらゆるセクションに一〇〇パーセントの力を出してほしいと願い、監督自身が動き回って私たちを引っ張っていく、そんな方だったと思います。

〝逆もまた真なり〟と、違う手法で同じシーンを撮り直したこともありました。

『華の乱』という作品の中では、しーんとしているような場面はほとんどなくて、常に誰かがアクションをしています。それが、深作イズムというのでしょうか。乱闘場面はお好きですし、演出がとてもお上手です。木村さんもすごいカメラワークで撮っています。やっぱり監督は、ああいうのが得意なんでしょうね。

私も、アクションは嫌いではないです。動いて何かするのは大好きです。志穂美悦子さん（『女必殺拳シリーズ』〈74～76〉などで活躍したアクション女優、夫は長渕剛さん）を思い出してやりました。

鉄幹役の緒形拳さんとは初共演でしたけれど、スケールの大きな方です。『青春の門』で共演した仲代達矢さんと同じように、私に自由に芝居をやらせてくださって、どんなかたちでも受け止めてくださいました。そして、ユーモアがあるから、やってて気持ちがよかったですね。映画の中の鉄幹は、つらい表情が多い役でしたけど、普段、にこっと笑うと、なんともチャーミングな方でした。

ちょうどそのころ、私が写真集を出したんです。緒形さんが、それを買ってくださって「サインしてください」とおっしゃるんで、サインをしたんですが、緒形の「形」を「方」と間違えて書いてしまったんです。俳優さんの名前の字を間違えるなんて許されることではない、穴があったら入りたいくらいに、緒形さんに対してひどいことをしてしまったんです。でも、緒形さんは、笑って許してくださって、とてもおおらかな包容力のある方だと感心しました。映画で夫婦の役をやって楽しかったですし、最後のシーンの緒形さんの演技も印象に残っています。あれは、関東大震災の後の東京の場面なんですけど、琵琶湖《びわこ》のほとりの不思議な場所に、ロケセットを建てて、深作さんが粘って撮ったんです。

お亡くなりになった後（二〇〇八年一〇月五日、肝がんのため七一歳で死去）に、ご家族から、緒形さんの書をいただきました。「笑顔」と書かれているのですが、見ていると自然に笑顔になるような書でした。今もずっと家に飾っています。本当に素敵な俳優さんでした。

野坂昭如《あきゆき》さんの選挙応援に

優作さんとは、『新 夢千代日記』で初めて共演したときに、夢千代の優しさについて尋ねられたエピソードを、『夢千代日記』の章でお話ししましたね。

お会いする前は、優作さんが以前出演していた民放の番組の打ち上げで、スタッフに鉄拳をふるったという話を聞き、正直なところ、本当にご一緒できるのかしらと心配でした。だけど、優作さんのマネージメントをしていらしたセントラル・アーツの黒澤満さんが「大丈夫ですから」とおっしゃって、顔合わせをしたら、とても真面目な方というのがすぐ分かって、不安はふっとびました。

『新 夢千代日記』は、八四年の一月から三月にかけて、全一〇回放送されたんですが、放送開始直前の八三年一二月に衆院選があったんです。相変わらず、早坂（暁）さんの脚本がなかなかできなくて、みんなで少しずつリハーサルをやっているときだったんですが、作家の野坂昭如さんが衆院選の新潟三区（旧新潟三区）から立候補なさったんです。金権政治を批判するという意味で、田中角栄元首相と同じ選挙区から出馬したんです。私は、もともと交流があった野坂さんの姿勢にとても感動したので、いてもたってもいられずに新潟まで応援に駆けつけました。選挙の応援演説なんて、生まれて初めてでした。あれが、最初で最後の経験です。

東京に帰ってきて、リハーサルに行ったら、優作さんが近づいてきて「選挙の応援、感動しました」って言いながら、大きな手を差し伸べてくださったんです。それで握手したら「優作さん、分かってくださったんだ」と、何か同志のような感覚になったんです。それからは『新 夢千代日記』でも、この『華の乱』でも、しっかりと寄り添えた、寄り添って演技ができた、と思います。優作さんはアイデアがある方ですから、撮影中も、このシーンはこうじゃないでしょうかと言ってくださることもあり、そういうコミュニケーションを常にとっていました。

思い出のシーンもあります。撮影が京都で始まって、二か月くらいたってから北海道のニセコにロケに行きました。北海道に遅い春が訪れたころです。そこで、優作さんと二人並んで馬を走らせたシーンです。川の浅瀬を走らせるところもありました。

私は大学に入学したとき、馬術部に入りました。朝六時に家を出て、東伏見（東京都西東京市）にあった馬術部に行き、八時に東伏見を出て、調布の日活撮影所に行く。夕方五時まで仕事をして、それから高田馬場にある大学に向かい、授業を終えると夜の一〇時という毎日でした。半年間、頑張ったんですが、このままではすべてが中途半端になると思って、馬術部を辞めました。でも、そのとき馬術部のキャプテンだった人が北海道に競走馬の牧場を作り、乗馬のための施設もできたので、休暇を取って毎年のように馬に乗りに行っていました。だから、ある程度は馬に乗れるんです。

でも、今回はスカートをはいての横鞍《よこぐら》ですし、馬を川の浅瀬で走らせるのは初めてですから、緊張しました。特別な乗り方が必要でした。馬が川底の石を踏んですべらないように、トントントンと踏みつけるような感じで走らせるんです。馬術部の元キャプテンが、乗馬指導で来てくれて、指導してもらって何とかなりました。

優作さんの乗馬は、セオリーとは関係なく、馬に命令して自分の行きたい場所に行かせるという感じでした。言葉は変ですけど、馬を牛耳ることができるような乗り方でした。

とにかく、あのときの乗馬は映像に残っているわけですし、優作さんと北海道の美しい自然の中で馬に乗れたことは、かけがえのない思い出になりました。写真も大切に持っています。

優作さんと私が夕陽《ゆうひ》をバックに映るシーンがあります。撮影当日の夕陽が、あまりいい夕陽じゃなかったので、次の日に撮り直して、素晴らしい絵ができたんですが、私が虻《あぶ》に目の脇を刺されちゃって、その翌日の午前中、撮影できなくなってしまったんです。

市川崑監督の『映画女優』のときも、同じような目に遭いました。この映画の中で、『伊豆の踊子』の扮装《ふんそう》をして、ロケに行ったら、たぶんハチがかんざしを花だと思ったんでしょう。近づいてきて、やっぱり目の脇を刺されて、四日間くらいものすごく腫れて、撮影ができませんでした。

この仕事をしていたら、けがはいっぱいあります。病気は、しないような体作りを撮影前にしますけど……。本当に肉体労働です。

優作さんとの最後のお酒

ニセコのロケは一〇日間くらいだったかしら、もっと短かったかもしれません。その間泊まっていたホテルで、優作さんがすごく長い時間温泉に入っていた、と後で聞きました。そのとき、病気に気づいていらっしゃったかどうかは分かりませんが、もしかしたら何か異変があって、体を温めようとなさっていたのかもしれません。

優作さん、日本の映画ではこれが最後ではないですか。その後『ブラック・レイン』(89、リドリー・スコット監督)ですね。『華の乱』公開(八八年一〇月一日)の後だったか、『ブラック・レイン』を撮った後だったか、はっきり覚えてないんですが、六本木のバーで、深作さんと優作さんとお酒を飲んだのが最後になりました。「サイドカー」というカクテルを三人で飲みました。『華の乱』では、優作さんは、池上季実子さん(波多野秋子役)と一緒に、サイドカーに乗って登場したからです。

私は、ご病気のことはまったく知らなかったので、悲報を聞いたときは(八九年一一月六日、膀胱《ぼうこう》がんのため四〇歳で死去)本当に驚きました。

優作さんとのコンビで、また次もやりたいという思いがあって、東映で企画を考えてくださっていました。脚本も進んでいたんですが、優作さんが亡くなってしまい、だめになり、その話がかたちを変えて、『天国の大罪』(92)という、オマー・シャリフさんと共演した映画になったんです。

優作さんとの共演作のプランは幾つかあって、その中には成瀬巳喜男監督の『浮雲』(55)のリメークも含まれていました。私は、あの名作はとても無理だと思って、断ってしまった。でも、亡くなった後、もしかして優作さんとだったら、あの、地に堕ちていく二人みたいなものもできたんじゃないかという思いに取りつかれ、次の映画が考えられないほどの虚脱感に襲われました。

『華の乱』で、苦労したことの一つは、たばこです。森光子さんや希林（樹木希林）さんに言われて、試しに吸ったことはありましたが、どうも体に合わなくて……。晶子がたばこを吸う場面が結構たくさんあるんですが、やっぱり板につかない。映画の中で吸っているのは薬用たばこですが、いつもたばこを吸ってる人のようには吸えなくて、監督から「煙の出し方が違う」と言われました。

晶子は、一人は生後すぐ死んでしまったけど、一二人子どもを産んだ母親です。最近はお母さん役ばかりですが、そのころはまだあまりなかったんです。とにかく、あんなに壮絶な母親役は初めてでした。子役の子どもたちが最大限の力を発揮できるように、私が雰囲気作りをするように心掛けました。もっとも、子どもがあれだけたくさんいると、逆にダイナミックで、母親らしく見せようとしなくても、自然にそう見えちゃうところがあって、楽でした。

ただ、『華の乱』のテーマは、母親というより恋愛だと思います。映画の後半で松井須磨子は自殺し、有島武郎と波多野秋子が心中、大杉栄と伊藤野枝は関東大震災直後に虐殺されます。その中で、鉄幹と晶子は生き残り、生き続けようとします。ラストシーン、震災後の廃墟《はいきょ》で大杉の同志らが引き立てられていくのを見つけた晶子が、「生きててください！」って叫ぶせりふがあるんですけど、あれは脚本にはなかったせりふです。私がどうしても、言葉にしたい、口に出して言いたいと思って、監督にお願いして、せりふにさせてもらいました。

どんなにつらくても、前に向かって生きていこうとする意思表示をするのが、晶子にふさわしいと思ったんです。それは、自分の生き方にも重なりますし、深作さんもこの映画のメッセージになると思ってくださったんですね。オッケーしてくださいました。

深作さんは七二歳で亡くなられて（二〇〇三年一月一二日没）、結局、ご一緒できたのはこの作品だけになってしまいました。映画人というのは、どうしても無理をしているし、お酒も並みの量ではないですから……。もっと長生きしていただきたかったです。

優作さんは四〇歳でしたね。本当に無限の可能性を持っていた方なのに。今でも悲しいし、残念です。

第九章

日本の美意識、映像に残す

坂東玉三郎監督の二作品

『外科室』『夢の女』

『外科室』監督／坂東玉三郎(1992年)　写真撮影／篠山紀信

歌舞伎の坂東玉三郎さんが初監督、吉永さんが主演した映画『外科室』は、一九九二年二月、「上映時間五〇分、一本立て、一〇〇〇円均一料金」という異例の興行方式で全国一斉に公開された。

原作は泉鏡花の同名の短編小説。ただ一度見つめ合っただけの関係なのに、その〝究極の愛〟に殉じる明治時代の伯爵夫人と青年医師の物語だ。

『天守物語』『夜叉ケ池《やしゃがいけ》』など耽美《たんび》的な鏡花作品のヒロインを舞台や映画で演じていた玉三郎さんにとって、この『外科室』を監督として映画化することは、長年の夢だった。そして、ヒロインの伯爵夫人を演じる女優は、吉永さん以外に候補はなかった。

玉三郎さんとプロデューサーの荒戸源次郎さんから出演依頼を受けた吉永さんは、「演じるのはとても難しいと思って、最初はお断りした」という。だが最終的には玉三郎さんの熱意に動かされた。

入念な準備を整え、五〇分の映画とは思えないほどの時間と労力と熱意を込めて、丁寧に撮影された『外科室』は、公開されると、東京都内では連日立ち見が出るほど好評で、製作・配給した松竹は予定を延長して続映を決めた。

このヒットを受けて、玉三郎さん、吉永さんのコンビは翌年、永井荷風原作の『夢の女』(93)

を世に問うた。

荷風の同名の短編小説を、俳人で劇作家の久保田万太郎が新派のために脚色した舞台用の台本を基に、映画化。明治の後期、もともとは武士の家の娘だったヒロインお浪が、貧しい家族を助けるため苦界に身を落とし、その後も波乱の人生を歩む物語だ。

玉三郎さんは作品を、カラーではなくあえてモノクロの映画にして、明治後期の雰囲気を表現しようとした。そして、完成した『夢の女』は、時代や境遇に翻弄されながらも懸命に生きていく女性の悲しみや美しさを、見事に描き出した作品となった。

立花珠樹

玉三郎さんから女性を学ぶ

『華の乱』の後、共演する企画が進んでいた松田優作さんが亡くなられたことで、次の作品までの間隔が少し空いたんです。その間に、プロデューサーの荒戸源次郎さんが現れて、「こういうものを玉三郎さんがぜひやりたいと言っている」と聞かされ、都内のホテルで玉三郎さんと荒戸さんとお会いしました。

原作も読みましたが、壮絶なまでの恋愛ですね。演じるのはとても難しいと思って、最初はお断りしたんです。でも、玉三郎さんは「吉永さんの予定が空くまで待ちます」の一点張り。どうしようかと悩みましたが、最終的には、舞台を観てずっと美しさに憧れていた玉三郎さんから、いろいろ教えていただけることがあるのではないか、と思ってお引き受けしました。

玉三郎さんは、女形として、いかに女らしく女性を演じるか、女性の柔らかさや美しさをどうやって表現するか、ということを常に考えていらっしゃる方です。私は女だから、普段そういうことは意識していない。女を演じようと考えたことはありません。だから、玉三郎さんの女性らしい表現法を学びたいと思いました。

それで、私は撮影に備えて、鏡花の作品集を読んで、戦前の貴族の写真を集めた十数巻の本を毎日眺めて、明治の伯爵夫人の雰囲気を身につけようとしました。玉三郎さんの方では、着物を作るところから始まって、帯や小物に至るまで、すべてご自分でセレクトされました。あらゆるところに、玉三郎さんの目が光っていました。着物でも、普段の映画ではやらないような着付けや、着こなしも経験しました。

撮影は、小石川植物園から始まりました。まず、加藤雅也さんと中井貴一さんが出る桜の場面を撮った後に、ツツジが咲くのを待って、私が出る場面を撮り始めたんです。CGは一切なくて、実際の植物園の花々や風情を映し出そうとしたんです。

顔が白塗りですから、植物園の中での撮り方は難しい。白塗りは、外科室の中以外では浮いちゃうし、あんまりうまく映りません。逆に木の陰だとくすんでしまう。照明さんとか、カメラさんとかも大変だったと思いますが、一年の中でも一番お天気がいい時期だったので、何とかやれたと思います。

玉三郎さんには、今までの映画にはない映画詩のような作品を作ろうというお気持ちが、きっとあったんだと思います。玉三郎さんの審美眼ですべてを見て描いている、一木一草に至るまで、そういう目で観察して撮影したっていう感じがします。日本の香りを映像に残す作業は、とても素敵でした。

地の底から出るような低い声で

植物園の中の芝居では、演技について細かい注文はほとんどなかったと思います。「ここで寄り添ってじっと彼を見つめる」とか、「ふっと振り返る」とか、ほとんどそういう感じで、内面に関してはおっしゃらなかったですね。

セットの外科室の撮影で、一つだけ要望されたのは声のトーンです。リハーサルのときに、「地の底から出てくるような低い声でしゃべってください。できる限りの低い声を出してほしい」と言われたんです。最初のうちは、何か納得できなくて、違和感があったんですけれど、演じているうちに「ああ、なかなか面白い」と思うようになりました。あれが、ふわっとした声だったら、伯爵夫人のイメージが違うものになっていたかもしれません。今回、ＤＶＤを見直したときも、あの言いようが印象的だと思いました。

伯爵夫人と究極の愛に殉じる医師を演じた加藤雅也さんは、本当に美青年でした。加藤さんのようにきれいな方でなければ成立しない映画だったかもしれません。

これが一〇二本目の映画で、玉三郎さんは初めての年下の監督だったんですが、まるでお兄さんのようで違和感はありませんでした。最近は、山田洋次さん以外は、ほとんど年下の監督さんですけれど……。

上映時間は五〇分でも、撮影には、一か月時間をかけています。当時はまだ勘九郎だった中村勘三郎さんが検校《けんぎょう》役でお琴を弾いていたり、孝夫だった片岡仁左衛門さんが馬車の御者役で出ていたり、音楽はチェリストのヨーヨー・マさんが担当していたり、監督が美意識を貫いて作ったぜいたくな作品だったのも、よかったのだと思います。

プロデューサーの荒戸さんも頑張っていました。玉三郎さんに「思う通り自由に撮ってください」と、一生懸命おっしゃっていました。だから玉三郎さんも、丹念にご自分の思いを作品に込めることができたのだと思います。

撮影に入る前は、この作品を映画というものにどうやって仕上げていくんだろうと思いましたし、私の役もすごく難しくて、本当にできるかしらと心配していました。でも、玉三郎さんは、普通の映画監督さんにはない感性を持っていらして、歌舞伎や、新派のノウハウを取り入れて、これまでにない雰囲気の映画を作ったのは、さすがです。

私は歌舞伎はもちろん好きですけど、文楽が好きなんです。勉強にもなるので、努めて観に行くようにしていますが、表情を変えない人形に例えようもない表現力があって、引き込まれていきます。もちろん、それは人形遣いの方が表現しているんですが……。そういう表現が、俳優でもできないかと常に考えています。つまり、笑ったり怒ったり泣いたりしないで、すっとしている中ですべてが表せたらどんなにいいだろうかと思うんです。

文楽には『曾根崎心中』や『心中天の網島《しんじゅうてんのあみじま》』などの心中物がありますが、この『外科室』も、現世では結ばれない伯爵夫人と医師が死を選ぶという点では、心中と同じです。そういう意味では、日活時代に出た『愛と死の記録』だって、恋人の後を追って死ぬので、時間のずれはあるけれど心中と言えるのかもしれません。心中というのは、当事者二人の究極の選択のような気がします。

『外科室』みたいな映画は、実験的で面白いと思うし、こういう映画がこれからもあっていいのではないでしょうか。優れた短編小説があったら、無理に話を膨らませて二時間の映画にしなくても、こういうかたちでぎゅっと短い作品にすればいいと思います。

もっと悩んだ『夢の女』

『夢の女』は、『外科室』よりもっと悩みました。脚本を読むと、私はお浪という女を一八歳から演じることになっている。現実には四〇代後半になっているんですから、いくら何でも無理ですって、抵抗したんですよ。

そしたら、玉三郎さんが「モノクロで撮るから大丈夫よ」っておっしゃって。むろん、それだけがモノクロにした理由ではなくて、あの時代を表現するためには、モノクロがふさわしいと思われたんでしょうが……。きらびやかな花魁《おいらん》の衣装なんかは、カラーの方がよかったのかなとも思いますが、モノクロにしたことで深みが増したようにも感じます。九三年当時の日本映画はほとんどカラーでしたけど、玉三郎さんだから、そういう冒険ができたのではないでしょうか。普通の監督はなかなかできないと思います。

年齢の問題以外で、もう一つ心配だったのは、『夢の女』のお浪は、玉三郎さん自身が舞台でやっていらっしゃる役だということです。『外科室』は、ご自身ではやっておられない作品でしたけど、『夢の女』のお浪はご自分の持ち役みたいなところがあるし、まさに玉三郎さんの世界なんです。それを私ができるのかしらという不安がありました。それで、ずいぶん無理だ、無理だ、って言ったんですけど、これも最終的には玉三郎さんの熱意に動かされて、やらせていただくことになりました。

お浪というのは変転の人生を送る中で、一時は花魁になるんです。花魁の役も初めてでしたから、所作などもまったく分からなくて、全部玉三郎さんに教えていただきました。

花魁とは関係ないところでも、女性らしいしぐさについて学ぶことができました。例えば、振り返るときに、首だけで後ろを向くと、どうしても首にしわが出るわけです。そうしないで、腰から後ろを振り向くときれいなんです。これは、舞台のセオリーらしいですね。そういうことを教えていただきました。私は映画の世界に入って、そうした基礎訓練みたいなことを受けたことがなく、共演した先輩から盗むとか、映画を観て、カッコいい表現や、素敵な風情を学ぶしかありませんでしたから、これは勉強になりました。

映画だと顔のアップも結構ありますが、舞台では常に観客から全身が見えているわけです。だから、玉三郎さんは全身のバランスにもとても気を遣っていらっしゃいました。『夢の女』を撮っていたころ、私は水泳に夢中で、二の腕から肩あたりに結構筋肉がついていたんです。玉三郎さんに「逆三（角形）になるから、それ以上やらないでちょうだいよ」と言われました。玉三郎さんも水泳がお好きなんですが、背泳ぎしかしないとおっしゃっていました。背泳ぎだけだと、二の腕から肩にはそれほど筋肉がつかないということらしいです。私は四種目全部やるんですけれど。

舞台に一度も出演していない理由ですか？　もともと、積極的に出ようとしてなかったんですが、一九七〇年代から、石井ふく子さんがプロデュースするＴＢＳの東芝日曜劇場で、杉村春子さんと共演する『下町の女』というシリーズをやっていたころ、新橋演舞場で、一二代目市川團十郎《だんじゅうろう》さん（当時は海老蔵、二〇一三年没）と舞台をやったらどうかという話があったんです。でも、ちょうどそのころ、第四章でお話ししたストレスで声が出なくなる症状が始まり、半年ほど前にキャンセルさせていただいたんです。それ以来、やろうという気持ちが起こらなくて……。

それに、玉三郎さんや杉村さんの素晴らしい舞台をずっと観ていますと、とても自分がやろうという気になりません。本当にやるんだったら、やっぱり一からしっかりと勉強してやらなきゃいけない。私にとって、舞台というのは観て学ぶ場所だと思っています。

『夢の女』は『外科室』より世俗的なので、そこが難しかったし、もともと舞台用の戯曲なので、一つのシーンの中で、いろんなことがあって、その結果、主人公が得心したり、決意したりするときがあるんです。普通の映画だったら、まずそういう撮り方はない。いろんなことがあった後でシーンが変わり、景色などのシチュエーションも変わったところで、主人公の気持ちの変化を映します。それに慣れているせいもあって、一つのシーンの中でぱっと気持ちを変えることが、なかなか割りきれなくて困りました。

『外科室』や『夢の女』のような着物での演技は大変じゃないんですか、と聞かれることがありますが、着物でいろんな動きをすることは、それほど負担ではないんです。走ること以外では、着物の方が洋服より、体が安定するんです。

実は『夢の女』の後、山本有三さんの唐人お吉の話（『女人哀詞　唐人お吉ものがたり』）を、玉三郎さんの監督でやりましょうというお話がありました。でも、松竹の事情などもあったらしくて、結局できませんでした。玉三郎さんに二本で私は飽きられたのかなと思って残念でした。もちろん、これは冗談ですけど。でも『外科室』も『夢の女』も難しい役で、最初は迷いましたが、思いきって挑戦して、映画をご一緒させていただき、本当によかったと思っています。

『夢の女』は日本公開前にベルリン国際映画祭に出品され、私も、大好きな紫色の着物を着て映画祭に参加しました。ベルリンでは、その年に名誉賞を受賞したグレゴリー・ペックさんにお会いできたのが、忘れられない思い出です。『ローマの休日』（54）や『アラバマ物語』（63）の名優が、大きな手で握手してくださったのに感激しました。これも『夢の女』のおかげです。

第一〇章
練り上げた〝北の三部作〟
円熟期迎え企画段階から参加
『北の零年』『北のカナリアたち』『北の桜守』

『北の桜守』監督／滝田洋二郎（2018年）　（© 2018「北の桜守」製作委員会）

坂東玉三郎監督『夢の女』の後も、吉永さんはコンスタントに映画に主演し続けた。『女ざかり』(94)『霧の子午線』(96)『時雨《しぐれ》の記』『長崎ぶらぶら節』……。監督はそれぞれ異なるが、共通しているのは、原作が文学作品だということだ。九五年に五〇歳になり、女優として円熟期を迎えた吉永さんが、自分にぴったり合う役柄を選ぼうとしている姿勢が、よく伝わってくる。

『時雨の記』の映画化に際し、自ら積極的に動いたことがきっかけで、吉永さん自身が、企画段階から映画作りに参加していくことが増えた。その代表的な例が、二〇〇五年の『北の零年』に始まり、一二年の『北のカナリアたち』、一八年の『北の桜守』と続く〝北の三部作〟だ。いずれも北海道を舞台にした東映配給の三作品は、吉永さんが「最も信頼する脚本家の一人」という那須真知子さんが脚本を担当。長い時間をかけ、練り上げた作品だ。

〝北の三部作〟の一作目『北の零年』での渡辺謙さんとの共演や、二作目『北のカナリアたち』での若手の人気俳優たちとの共演も話題になった。

『北のカナリアたち』で、吉永さんが演じたのは、二〇年前に北海道の離島の小学校で先生をしていた女性。悲しい出来事が起きて、島を追われるようにして出ていった彼女が、ある事件がきっかけで教え子たちと再会する。大人になった教え子を演じたのが、森山未來《みらい》、満島ひかり、勝地涼、宮﨑あおい、小池栄子、松田龍平の六人。主役級の若手俳優たちが、吉永さんとの共演に熱い気持ちをぶつけ、それに応えて、吉永さんも情熱を注いだ。

子役からアイドル時代を経て、さまざまな体験をしてきた吉永さんは、今や、大先輩として若手に向き合う立場になった。後輩のお手本になるような女優であらねば……。『北のカナリアたち』について語る吉永さんの言葉からは、そうした思いが伝わってくる。

そして、〝北の三部作〟の最終章として製作されたのが『北の桜守』だ。二〇一八年三月公開のこの作品は、吉永さんにとって、記念すべき一二〇本目の出演作品となった。

立花珠樹

北海道への憧れがあった

一九六〇年に日活に入社して、最初にロケに行ったのは『拳銃無頼帖 不敵に笑う男』（六〇年八月六日公開）です。赤木圭一郎さんが主演、私はその妹役で、能登半島で撮影しました。二度目のロケが、すぐその後の『疾風小僧』（六〇年八月二一日公開、主演は和田浩治さん）で、北海道に初めて行きました。

ロケ地は天人峡《てんにんきょう》という大雪山のふもとのひなびた温泉でした。東京から千歳まで、生まれて初めて乗った飛行機が揺れて、ひどく酔っちゃって、大変な思いをしました。千歳から何時間もかけて宿に着いたんですが、ロケの間にホームシックになってしまって……。でも、北海道の山の美しさとか、風情がとても好きになったんです。だから、二〇代になり少し時間ができるようになると、休みがあると北海道へ行って、スキーや乗馬をしました。そんな北海道への憧れが、〝北の三部作〟につながっていると思います。

映画製作に、脚本段階から参加するようになったのは、二〇年前くらいからです。熟年男女の美しく切ない恋を描いたと話題になった中里恒子さんの小説『時雨の記』を読んで、ぜひ自分でやりたいと思って、映画化に向けて積極的に動きました。幸いこれが実現し、渡哲也さんと日活時代以来二九年ぶりに共演することができました。

それ以来、映画への関わり方が少し変わりました。役を演じるだけでなく、企画段階から参加していくことも増えました。『北の零年』は、JR北海道の社長や会長を歴任した坂本（眞一）さんという方から、ぜひ北海道の映画を作りたいというお話があったことから始まりました。

私自身、昔から船山馨《かおる》さんの小説が好きで、中でも『お登勢』という作品が好きでした。淡路島から北海道に開拓に渡った女性が少女から大人になっていく話で、音無美紀子さん主演のテレビドラマなどになっています。私もやってみたいと思っていたんですが、年齢的に無理になったので、自分がプロデューサーになって誰か素敵な女優さんを使って映画を作りたい、と思うほど好きな小説でした。

船山さんには、同じ北海道の開拓を扱った『石狩平野』という小説もあって、そういうことを含めて、那須真知子さんと「ぜひ北海道を舞台にやりたいですね」と、お話ししたんです。その時点では、〝北の三部作〟という構想はまったくありませんでした。

その後、那須さんが福島県出身で会津藩主の末裔《まつえい》だということで、それなら、幕末から明治を生きた人を主人公にしようっていうふうに話が発展してきて、あの物語になったんです

(『北の零年』は、明治の初め、政府から北海道移住を命じられた淡路島・稲田家の家臣とその家族らの苦闘を描いている)。

でも、脚本にまとめていくのはとても大変な作業で、完成するまでに五年くらいかかったと思います。だから、最初の話から、実際に映画の撮影が始まるまでには一〇年近い時間が流れたんじゃないでしょうか。話が始まったころは、(松田)優作さんもご存命で、優作さんにも出ていただけるかな、と思っていたのを覚えています。

那須さんとは、高樹のぶ子さん原作の『霧の子午線』で初めて一緒に仕事をしました。とてもさっぱりしている方で、すぐ気が合いました。別に、脚本家は女性だからいいというわけではないんですが、やはり同性の微妙な気持ちを分かってくださるというところがありますね。那須さんは、その一方で、骨っぽいことを書ける方だと思うんです。最も信頼する脚本家の一人です。

『北の零年』では行定勲《ゆきさだいさお》監督と初めてお仕事ができました。行定さんは、とにかく粘り強い方です。撮影が遅れて、ほかの俳優さんたちのスケジュールが合わなくなっても動じない。撮り方も、ご自分のスタイルを変えない。ワンシーンをいろんな角度から、カメラを替えたりレンズサイズを替えたりしながら四、五回撮るので、演じる方も大変ですし、フィルムも膨大に使うわけです。たくさん撮った素材の中からご自分で選択するというやり方です。岩井俊二監督の助監督をしていらしたという映像派の監督さんらしく、できあがった映像は素晴らしかったです。

渡辺謙さんと共演できたのも大きな収穫でした。初めて共演したのは、『千年の恋 ひかる源氏物語』です。謙さんが藤原道長、藤原宣孝の二役、私が紫式部役だったんですが、とにかく、芝居のアイデアが次から次へと出てくるんです。まだ、謙さんが世界に進出する前でしたが、とことん役をきわめていこうとする姿勢が、ハリウッドで受け入れられたんでしょうね。英語をあそこまで話せるようになったことでも分かるように、常に努力していらっしゃる方なんです。共演すると、いっぱい刺激を受ける大好きな俳優さんです。

『北の零年』で私が演じた小松原志乃には、多恵という娘がいるんですが、多恵の少女時代は大後寿々花《おおごすずか》さん、成人してからは石原さとみさんが演じています。撮影したとき、大後さんは一〇歳でしたが、どんなに寒いシチュエーションでもびくともしないで耐えて、役にぴったりで素晴らしかったです。彼女はその後、『SAYURI』(05)で、チャン・ツィイーの子ども時代を演じて、その後もテレビなどで活躍していますが、和風で涼やかな魅力がある人です。さとみちゃんは、あのとき一八歳くらいだったかな。本当に素直な、かわいいお嬢さんで、

『北の零年』が描いた北海道の大地に似合うようなイメージだったんですが、最近の出演作品やコマーシャルを観ると、セクシーな大人の女性になっているのに、びっくりしました。近頃は、こんなふうに、共演した若い人たちが育っていくのを見るのが楽しみです。

「寒い」と言わない

三部作の二作目の『北のカナリアたち』は、東映創立六〇周年を記念して企画された大作でした。『北の零年』がヒットしたので、もう一本、北海道を舞台にやりましょうということになったんです。最初は、釧路湿原で鶴に餌付けする女性を主人公にという話だったんですが、いろんなことがあって利尻、礼文《れぶん》が舞台の分校の先生の話に変わりました。

那須さんのオリジナル脚本がとても面白かったんです。でも、そのとき、たまたま私が湊かなえさんの『往復書簡』というミステリーを読んだら、とてもよく似ている部分があった。『往復書簡』の方が後に刊行されたので、本当に偶然なんですが、それだったらこれ（短編集『往復書簡』の中の『二十年後の宿題』）を、きちんと原案ということで入れさせていただこう、ということになりました。湊さんも快諾してくださり、ロケ現場にもいらっしゃるなど協力していただきました。

そんな前段があってスタートした『北のカナリアたち』の監督は、私の希望で阪本順治さんにお願いし、引き受けていただきました。

初対面は、私が『長崎ぶらぶら節』で日本アカデミー賞の最優秀主演女優賞をいただいた授賞式（二〇〇一年三月九日開催の、第二四回日本アカデミー賞授賞式）でした。『顔』（00）で最優秀監督賞を受賞された阪本さんも、式に出席されていたんです。『顔』は傑作でしたし、実際にお会いして、すごくいい方だな、と思っていました。その後、一一年に公開された『大鹿村騒動記』を拝見して、とても感銘を受けたんです。楽しい映画であると同時に、地方で一生懸命生きている人たちの描写が素晴らしくて……。それで、阪本さんにラブコールを送りました。

実際にやってみて、阪本さんは、その優しさとか、本当に真っ正直な生き方とかに、俳優さんたちが共鳴していくというタイプの監督さんなのが、よく分かりました。決して「俺は監督だ！」っていう感じじゃない。ご自分の弱さも、困っていることも、素直に表現される方なんです。

映画の中で、島の新しい教師として赴任してきた私が、船から降りてくると、分校の子どもたちが六人そろって迎えるシーンがあります。撮影が終わった後で、監督が道にしゃがみこんで、何か悩んでいました。「どうしたんですか？」って聞いたら、「うーん、子どもたちが、うまくいかなかった」っておっしゃるんです。私は、素人っぽいのが逆によかった、と思ったので、そう言いました。でも、監督はしゃがみこんだままで「うーん」。悩む姿を隠さないのが、ほほえましかったです。

私は、子どもたちに、演技について何か言うことはありませんでしたが、本当に寒い所で撮影するときに、自分が「寒い」という言葉を使わないように気を付けました。主な舞台になった礼文島や利尻島の寒さは、言葉では言い表せないくらいの厳しさなんです。大人になった教え子を演じた六人は、めちゃめちゃ寒い中でも、せりふもきちんとしていて、本当にプロフェッショナルな人たちでしたが、子役の六人はまだ子どもですから。私が「寒い」と言ったら、緊張感が途切れて、それで終わっちゃいそう。私が皆を励ましてやらなきゃいけないと思いました。

大石先生になったみたい

『北のカナリアたち』の六人の子どもたちとは、あれからずっと、年に一度、みんなで集まっているんです。私の映画の役名が「川島はる」で、子どもたちから「はる先生」と呼ばれていたんですが、今でも子どもたちは、そのときと同じく、私のことを「はる先生」って呼んで、手紙もメールも全部、「はる先生」宛に来るんです。『北のカナリアたち』の公開が一一月三日だったでしょ。毎年その日に、子どもたちから「感謝して……」というメッセージと一緒に、花が贈られてくるんです。私は、何にもしていないのに。何か『二十四の瞳』の大石先生になったような気分になってしまいます。

実は『二十四の瞳』のリメークっていうのを、長い年月にわたって、いろいろなかたちでオファーされてきたんです。そのたびに、あの名作はとても私にはできない、高峰秀子さんが演じた大石先生は私にはできない、とお断りしてきました。

『北のカナリアたち』はサスペンスですけれど、教え子たちに対する先生の思いは、『二十四の瞳』の精神と同じですね。でも、昔と同じようなかたちで作っても、今の若い人たちには受け止めてもらえなかったでしょうし、そうした意味でも、『北のカナリアたち』で「はる先生」を演じることができてよかったと思います。

私は、もし女優にならなかったら、小学校の先生になりたいと思っていたんですが、先生役は意外と少ない。日活時代に、渡哲也さんと共演した『だれの椅子?』と、テレビドラマの『風の中を行く』(69)で、高校教師を演じたのは覚えていますが、そんなにたくさんはありません。山田洋次監督の『母《かあ》べえ』では、一家を支えるために小学校の代用教員をするんですが、それはほんのちょっとでした。そういう意味でも、『北のカナリアたち』では、どっぷりと教師の役がやれたので、嬉しかったです。

多様性がある若い俳優たち

大人になった教え子役の六人については、いくつもエピソードがあります。

サロベツ原野で、ひかりちゃん（満島ひかり）とのシーンがありますね。すごい寒さの中で、ひかりちゃんは素手でいろんな作業をするんですが、テストから本番までしっかりやっていたし、せりふもいっぱいあったのに、まったくよどみない。いやあ、すごい子だなあと思いました。それに、たったあれだけのシーンなのに、撮影前にわざわざサロベツ原野を見に行ったんです。だけど、悪天候で飛行機が途中で戻ってきちゃって、また次の日に出掛けたというんです。普段は主役の彼女が、この映画では六人の教え子の一人なんで、普通と比べれば六分の一の役ですよ。それなのに、力を抜かず一生懸命取り組む。それが大事だと、あらためて思いました。

サロベツ原野といえば、『動乱』で初共演した高倉健さんが、お昼休みも車の中に入らずに雪原で食事をしている姿を見て、感動した場所です。このときも、『動乱』の撮影場所はどこだったかなと探したんですが、はっきりとは分かりませんでした。すぐ近くであるのは間違いないんですが。

小池栄子ちゃんも、撮影の前の日から入って、溶接工の仕事を勉強したと聞きましたし、森山未來君も、自分の出番の四日くらい前に島に入ったそうです。未來君は独りで島の中を探検していたら、島の人たちに、あやしい人と間違われたそうですけど。彼は、はる先生と再会する場面で、気温が氷点下一一度という寒さの中で、手袋なしでずっと手を動かさないで芝居をしていて、凍傷寸前になっちゃった。手が棒のように固まっているのに、撮影が終わるまで我慢しているんです。私の方が驚いて、大声で助けを呼んでしまいました。

松田龍平さんとは、今回は、ちょっと離れたところにいるような役だし、それほどしゃべることもありませんでした。優作さんの息子だとあまり思っちゃいけないなと、自分で意識していたせいもあるかもしれません。お父さんと比べるとおっとりしていて、そんなに似ている感じはしなかったです。この映画の後、彼が主演している『舟を編む』(13)を観て、いい俳優になったと思いました。

勝地涼君は真面目で優等生だし、宮﨑あおいちゃんは撮影の合間には編み物をしているようなおとなしい人です。とにかく、個性に溢れた六人がそれぞれ努力して役を表現しようとしている姿に、本当に感心しました。

彼らは撮影当時、ほとんどが二〇代後半だったんです。私は二八歳のとき、結婚という激動がありました。二〇代後半から三〇代前半というのは、いろんなことがある時期だと思いますが、六人とも皆、きちんと自分を確立していて、ユニークな演技方法や生き方を実践している人たちでした。私の若いころに比べて、映画会社や事務所に縛られていないし、結婚もはるかに自由になっていますね。多様性を感じました。

町民プールで泳ぎました

『北のカナリアたち』は複雑な構成ですが、現在と過去を織りなすドラマがうまく描けているし、面白くて大好きな作品です。でも実は、仲村トオルさんとのキスシーンだけが、どうだったのか、と引っかかっています。あんなにダイレクトに見せる必要はなかったのではないかしら。あのとき、ちょっと違うんじゃないですかって、もっと言えばよかったかな、と今でも思うときがあります。

でも、まあ、そのことは別として、これまで経験したことがないような厳しい自然の中での撮影をやりきったという満足感はありました。キスシーンより前に、トオルさんに「(死ぬのを)

もう一日待てませんか」と言うシーンがありました。あれは那須さんが書いた名せりふなんですが、あの撮影の途中で、ブリザード（暴風雪）というのを、生まれて初めて経験しました。猛烈な風と雪でとても撮影できる状態じゃない。ブリザードがおさまるまで三〇分、現場でよろけながら待っていたんです。『動乱』のサロベツ原野の方がよほど楽だったと思えるくらいの寒さです。これを経験したらどんなことでも耐えられるなと、思いました。

その間、大作さん（カメラマンの木村大作さん）は雪面に寝転んでいたって言うんです。その方が、風が来ないんですって。カメラマンはそういう装備をしてますからね。でも、私はスカートですから寝転ぶわけにもいかないし、立って待っているしかありませんでした。その後で、温泉に入って凍えた体を温めたんですが、もし温泉がなかったら、あのロケは耐えられなかったかもしれないです。

温泉は、利尻島にも礼文島にもあるんです。利尻島では、撮影が休みの日に温泉プールで泳ぎました。町民プールです。もちろん、一般の人にまじって泳いだんですが、最初は皆さん、びっくりしたかもしれません。でも、初めは驚くけど、だんだん慣れてきて、珍しくなくなってきますよね。

泳ぐのはクロール、バタフライ、平泳ぎ、背泳ぎ。四種目全部です。以前は、二キロ平気で泳いでいましたけど、今は四種目、合わせて一キロちょっとくらい泳ぎます。

俳優の仕事は、体力勝負です。高倉健さんに教えてもらった腹筋一〇〇回のほかに、『北のカナリアたち』の撮影に入る前には、腕立て伏せを毎日三〇回やりました。煙突にのぼるシーンがあって、あれはもちろん命綱を付けているんですが、結構手の力がいるんです。

撮影の合間に、体を温めるためにシャドーボクシングをしていたら、ひかりちゃんに驚かれましたけど、あれは日活時代に宍戸錠さんに教えてもらいました。やっぱり、私は日活育ちでしょ。あまり、女らしくしていられない現場っていうのを、若いときから経験していたので、そのままさばさばしてしまったのかもしれません。『北のカナリアたち』で夫役だった柴田恭兵さんは存在感があって、素敵な方なんですが、その柴田さんに本当はアクション映画が向いているんじゃないですか、と言われました。

とにかく、もう残り少ない映画人生ですから、自分で納得するかたちでやりたいという思いがあります。それに、プロデューサーでも何でも、映画に携わる人が少なくなっていますから、自分もスタッフ補佐のつもりで、準備段階からやれることがないかって常に考えています。『北のカナリアたち』で若い六人と共演して、彼らの実力と可能性を実感することができましたし、この人たちがずっと映画の世界でやってくれればいいなあ、としみじみ思いました。

網走の流氷から始まった最終章

『北のカナリアたち』からしばらくたったころ、那須さんと「もう一回、北海道でやれたらいいですね」という話をしました。『母と暮せば』(15)の次の作品は、ちょうど一二〇本目になるし、それならば、『北の零年』と『北のカナリアたち』に続く〝北の三部作〟の最終章にしたいと思うようになりました。

ちょうどそんな時期に、プライベートで網走に流氷を見に行って、流氷に惚れてしまったんです。二〇一五年の二月でした。あまりの素晴らしさに、これを映像にできたらどんなにいいかしら、と思ったことが、『北の桜守』がスタートするきっかけになりました。

その前にも、稚内にあるT・ジョイ稚内という映画館の社長の高橋一平さんから、戦時中の樺太《からふと》(現ロシア・サハリン)の悲劇を何とか映画化できないかというお話を伺っていました。それに、大相撲の大横綱だった大鵬関が、ソ連が侵攻してきたとき、お母さんと南樺太からの引き揚げ船に乗って、北海道にたどり着いたという実話なども基にして、脚本を練っていきました。

監督は、米国アカデミー賞の外国語映画賞を受賞した『おくりびと』(08)の滝田洋二郎監督です。ご一緒するのは初めてですが、私は、滝田さんの『僕らはみんな生きている』（93）という映画が大好きだったので、嬉しかったです。滝田さんや那須さんと、一六年には北海道各地を回り、イメージを固めていきました。網走の凍結した坂道で転んで左手首を骨折するという思いもしなかった事故がありましたが、手術がうまくいって、その後のリハビリで何とか乗り越えることができました。

滝田さんと一緒に、樺太にも行きました。現地で「日本に帰りたくても帰れなかった」という日本人の男性お一人と女性お二人の話を伺いました。今は幸せに暮らしているから出てきてくださったんですが、三人とも終戦のころは一四、五歳で、筆舌に尽くしがたい体験をされている。樺太の悲劇をおぼろげには知っていましたが、こんなに残酷な事実があったことは、今回初めて知りました。樺太では八月一五日の後も戦争が続いていたんですね。そして、八月二二日には日本に引き揚げようとした疎開船が三隻も攻撃を受けて、沈没したり大破したりして、約一七〇〇人もの人が犠牲になっているんです。

私は、戦時中に沖縄から本土へ向かっていた学童疎開船の対馬丸《つしま》が、鹿児島県の悪石島付近でアメリカの潜水艦に攻撃され、一五〇〇人近い人が犠牲になった事件を映画にできないか、と思っていたことがあります。北の海でも起きた同じような悲劇を今回映画にできたということは、戦争を二度と起こさないために、意味があることになったかと思います。みんなで忘れないことが大事だと、あらためて感じました。

『北の桜守』は完成したばかりで、これから自分の中で反芻《はんすう》していかなければならないんですが、『ラ・ラ・ランド』(17) みたいなミュージカルふうのところもあるし、戦中から戦後のつらい歴史もあるし、年を重ねてどんなふうに生きていくのが幸せかという問題も取り上げている映画です。そうしたいろんな要素を取り入れて、観る方を引き付けられるような作品になったという手ごたえはあります。

吹雪の中で重さ三〇キロもある橇《そり》を引いたり、船が転覆して海に投げ出されたり、アクションシーンが多かったんです。年齢的なこともあって、以前は大丈夫だったことがきつく感じるようになりました。走るシーンで、例えば前は七秒で走れたところが今は九秒かかる、そういうことを自分で感じるわけです。だから、それを取り戻そうというか、早く走っているように見せる芝居をしなきゃいけないと痛感しました。撮影中には、初めてマシンのトレーニングに挑戦し、バーベルも上げ、体を鍛えて乗りきりました。

映画の中では、戦争の悲劇の場面などをケラリーノ・サンドロヴィッチさんが演出する舞台劇で表現したんです。私にとっては、初めての舞台劇で、ケラさんからは「普段映画でしゃべっているより、トーンを上げて二〇〇人くらいの劇場で演技するようにしゃべってほしい」と注文されましたが、違和感はまったくなく入っていけました。一週間くらいリハーサルをして、その後ロケ撮影があって、また一週間くらいかけて舞台のシーンを撮りました。小野寺修二さんという振付師の方が、八人のパフォーマーにいろんな動きをさせるんですが、その動きが本当に洗練されていて、思わず見とれてしまいました。

初めての滝田監督は、とにかく明るい方で、セットの中でもロケでもガハハハという笑い声が絶えなくて。その分、皆が乗っていきやすい現場でした。演出もテンポがいい。昔、山本薩夫さんの『戦争と人間』に出たときに、テストを一回やったら、次は本番テスト、三回目はもう本番、だったんですが、山本さんと同じように、滝田さんもせっかちなんですね。テストをやって雰囲気ができていたら、「よし、回していこう」とおっしゃるんです。私も気持ちが乗って、とてもやりやすかったです。

共演者も皆さん素敵な方ばかりでした。息子の妻役の篠原涼子さんは明るくて、ふわっと映画の世界に持っていってくださる方でした。重要な役を演じられる岸部一徳《いっとく》さんとは『長崎ぶらぶら節』や『細雪』で共演しているんですが、ほとんどご一緒の場面はなく、実際にしっかり芝居をしたのは今回が初めてでした。樹木希林さんから「絶対うまくなるな、勉強するな、そのままでいい」と言われたというお話をしてくださったんですが、そういう味がある方です。

佐藤浩市さんとも初共演でした。佐藤さんと出会う場面は、宗谷丘陵という雄大な牧草地で、撮影の日は朝から霧が流れていて、佐藤さんがトラックから降りて現れると、西部劇みたいにかっこよくて感動しました。お父さま（三國連太郎さん）とはまた違った男性の色気を持っている方ですね。私もこの場面では、フェデリコ・フェリーニ監督の「道」（57）のジェルソミーナのような気持ちでやりました。

阿部寛さんには、『ふしぎな岬の物語』（14）では甥っ子だったのに、夫役になってもらい、（笑福亭）鶴瓶《つるべ》さんは「本当は夫の役じゃないとだめ」と言われましたが、一二〇本目ということで別の役で無理やり出ていただきました。お二人とも、忙しいスケジュールをさいて、出演してくださいました。

そして、もちろん、息子の堺雅人さんです。堺さんとはアニメ映画の『手塚治虫のブッダ—赤い砂漠よ！美しく—』（11）で声の共演はしているんですが、実写映画では初めてでした。『母と暮せば』の二宮（和也）さんに続いて、素晴らしい息子を持つことになるんですが、持ち味は大いに違います。二宮さんは役もそうでしたが、どちらかというと、ファンタジーの世界の中で演じるタイプ、堺さんはご自分で完璧な演技プランを立てて、それを実行していくタイプです。私は、相手の方の芝居に応じて、それを受け止めていきたいと思っているので、今回もいい母子になったと思います。

映画の山場の一つに、懺悔《ざんげ》するように海に入って沖に向かう母親を、息子が必死で止めようとするシーンがあります。六月に稚内で撮ったのですが、リハーサルの日は気温四度で、これは大変なことになると思っていました。ところが、二日後の本番は晴れて、気温も水温も上がってくれたんです。当日の稚内の海岸の水温は一〇度くらいだったそうです。海の中へ入っていき、追ってきた息子役の堺さんに抱きすくめられたときに、涙が溢れました。

『北の桜守』の母親は、自分がどんなにつらくても、息子や家族に幸福になってほしいと願っています。彼女のように、戦中から戦後の大変な時期を必死で生きてきた人たちのことを、こうして映画に残すことができたことに、喜びを感じました。

終章

山田洋次監督との再会

平和への思いを次世代につなぐ

『母と暮せば』

『母と暮せば』監督／山田洋次（2015年）　写真提供／松竹

二〇〇五年の八月、吉永さんのもとに、山田洋次監督からの手紙が届いた。構想中の新作『母べえ』の母親役は「吉永さんでなければ成り立たない」と、出演を熱望する内容だった。

『母べえ』は、黒澤明監督のスクリプター（撮影の記録・管理者）として長年活躍した野上照代さんが、自らの少女時代の思い出を書いた『父へのレクイエム』（後に『母べえ』と改題）が原作。太平洋戦争突入前後の東京を舞台に、文学者の父親（父べえ）が治安維持法違反で逮捕された後、野上さんら二人の娘を気丈に守っていく母親（母べえ）の物語だ。

幼い二人の娘を持つ母親という設定に、いったんは躊躇《ちゅうちょ》した吉永さんだが、監督に説得され、『男はつらいよ 寅次郎恋やつれ』以来となる山田作品に出演することになった。〇八年一月に公開された『母べえ』で、吉永さんは監督の期待に応える好演技を披露。それ以降、『おとうと』(10)、『母と暮せば』と、山田・吉永コンビによる作品が、続けて生み出された。

近年は、映画の企画段階から参加。一四年の『ふしぎな岬の物語』では、初めてプロデューサーも務めた吉永さんにとって、山田作品は「若いころと同じように、一俳優として出演し、役作りだけに集中できる」楽しさがあった。

さらに、山田監督と吉永さんに共通する平和への思いが、二人を深く結びつけることになった。戦時中の言論弾圧を扱った『母べえ』、長崎の原爆の悲劇をテーマにした『母と暮せば』。

この二作品からは「日本は二度と戦争を起こしてはならない。平和を守り続けなければならない」という強いメッセージが伝わってくる。『母と暮せば』の音楽は、吉永さんの原爆詩の朗読会でもピアノ演奏などで共演している坂本龍一さんが担当。多くの人々の平和への祈りを込めた作品になった。

だが、演技者としての吉永さんにとっては、『母と暮せば』は、別の顔も持っていた。「一一九本目の出演作で、これまでで一番難しい役にぶつかった」と、吉永さんは振り返る。

最終章では、山田監督とのコンビ復活の経緯や、『母と暮せば』の演技の難しさ、ライフワークである原爆詩の朗読にかける思いなどを、じっくり語っていただこう。

立花珠樹

くたびれたお母さんなら

山田監督から、『母べえ』に出てほしいというお手紙をいただいたのは戦後六〇年にあたる二〇〇五年の八月一六日でした。こういう場合は、映画会社から連絡をいただくことが多いのですが、このときは、山田監督から直接、出演依頼がありました。お手紙に記された日付が八月一四日で、私の手元に届いたのが一六日。八月一五日の終戦記念日をはさんでいるのが、すごく印象的で、何かとても強いものを感じました。

お手紙を読んで、『母べえ』のテーマにも引かれ、この役をやりたいと思う一方で、一二歳と九歳の娘がいるお母さんを演じるのは、もう少し若くないと無理じゃないかと思って、山田監督にお電話したんです。

「年齢的にどうでしょうか」と申し上げたら、監督は「食料不足の時代ですから、あのころのお母さんは、みんなくたびれていたんですよ」とおっしゃるんです。それで「そうか、くたびれたお母さんならできるかも」と思い、「やります」とお返事しました。

当時のお母さんの雰囲気を出そうとして、撮影に入る一か月前から食事の量を減らして、油っぽいものは一切食べないようにしました。そしたら、撮影中に咳が止まらなくなり、病院に行ったら、低タンパクで栄養状態が非常に悪い、と言われました。少し過激にやりすぎて、栄養失調になってしまった。

そんなアクシデントもありましたが、久しぶりに山田組に参加して、三十数年前の『男はつらいよ』のころと、雰囲気がまったく変わっていないのに驚きました。先に、男優さんとのコンビで、どちらがピッチャーでどちらがキャッチャーという話をしましたけれど、山田組の場合は山田監督がコンダクター（指揮者）で、スタッフも俳優も皆、監督を見て、どういう音を出したらいいかを教わり、監督の気持ちを感じて音を出す。そこは長年ずっと同じなんです。

山田監督のこだわり

山田監督は、せりふの言葉はもちろん、せりふの言い方にも、とてもこだわる方です。ご自身も、もっといい表現がないだろうかって、常に言葉を探していて……。だから、現場でせりふが変わることも多くて、（脚本の）号外がしょっちゅう出るわけです。

せりふの「言い方」というのは、例えば「ありがとうございました」と言うときに、平板に言うのではなく、「ありがとう」の後にほんの少し間を置いてから「ございました」と言えば、心がこもったせりふになるということです。「お世話になりました」というのも、同じです。

山田作品では、そんなふうに、とにかく一言、一言を大事にしゃべってほしいと、演じる側は求められます。

テクニックではなく、気持ちを大切にするのも特長です。俳優にはいつも「顔で芝居しないで、心で芝居してください」っておっしゃるんですが、スタッフにも同じような注文を出されるんです。『母べえ』のときには、「技術で録《と》らないで、心で録《と》れ」と、録音部さんにおっしゃっていましたし、雪を降らせる場面では、担当の助監督さんや美術の人に「気持ちを込めて降らせてほしい」と、言葉を掛けていらっしゃいました。雪の量が多いとか少ないとかではなくて、出演者たちの気持ちになって降らせるのが大事なんだ、ということです。そういうところが、ほかの監督さんとは違います。

最近は技術が進み、晴れたシーンを撮る予定の日が曇りでも「後からCGでちょっと明るくしておきますから」と、そのまま撮影することも多くなっています。そういうときには俳優は「ああ、晴れていい気持ちだなあ」ということを自分の頭の中でイメージして、芝居をしなければならない。映画の世界が、昔と全然違ってきているわけです。山田作品にはそれがない。

『男はつらいよ』の二本目の『寅次郎恋やつれ』のときには、監督のこだわりを実感するような経験をしました。将来のことを、不仲の父親に相談してみたらと、さくらさん（倍賞千恵子）

に勧められ「実はね、そうしようかとも思ってるの」と言う場面があります。そのせりふの言い方が、監督の思い描いていたイメージと合わなかったみたいで、一〇回以上テストを繰り返しました。普通にはあまりないことなので、よく覚えています。

一番せりふが多く、一番難しい役

『母と暮せば』は、広島の原爆をテーマにした井上ひさしさんの戯曲『父と暮せば』と対をなす作品です。山田監督にお会いして「井上さんが生前タイトルだけ決めていた企画。終戦七〇年の年に、井上さんの思いを受け継いで映画にしたい」というお話を伺って、その場で出演を決めました。

原爆投下から三年後の長崎で、助産婦をして、独り暮らしをしている母親のところに、被爆死した息子の亡霊が現れるという話です。『父と暮せば』は、舞台を何度も観てますし、原田芳雄さんと（宮沢）りえちゃんの映画も観てるんですけど、初めは、『母と暮せば』の息子というのは、『父と暮せば』のお父さんの亡霊とはちょっと違う雰囲気だな、というイメージで、息子に対する私の方の役作りも考えていました。

これは大変な仕事になると実感したのは、初稿をいただいたときです。とにかく、私のせりふがあまりに多い。「えーっ、すごい、このせりふ、全部そのままやるんですか」と、共同脚本の平松（恵美子）さんに思わず言ってしまったくらいです。平松さんは「いや、そんなに多いことはないです。このままやるんですよ」とおっしゃるんで、「ええっ」と思ってたら、第二稿では、もっとせりふが増えたんです。

「わあーっ、これは大変だ」と思いました。せりふと、せりふの言い方にこだわる山田監督の作品で、これだけたくさんのせりふなんですから。『母と暮せば』は、私の一一九本目の出演作品なんですが、一一九本の中で一番せりふが多い作品だったと思います。でも、山田監督は撮影が終わった後、もっとせりふを加えればよかったとおっしゃっていました。

方言ではそれほど苦労しませんでした。もともと、地方の言葉は好きですし、何度も訪れている場所ですから。長崎を舞台にした『長崎ぶらぶら節』にも出ていますし、長崎弁はある程度耳から入っていました。長崎の原爆詩を収めた『第二楽章　長崎から』というCDも出しています。CDの中では、完全ではないんですけれど、長崎の言葉を話しています。おまけに今回は、山田監督から「加藤健一さんと黒木華さんは生粋の長崎人だけど、小百合さんは結婚して長崎に移ってきた人という感じで考えてほしい」と言われていましたから。

でも、実は、せりふの多さや方言より大変なことがあるというのが、撮影が始まってから分かりました。はっきり言えば、これは一人芝居なんです。二宮和也さんが演じる息子が私の前に出てくるけれど、彼は亡霊なので、本当は私の心の中に出てきているだけなんです。だから、二人のシーンというのは、「自分の中にある息子」と「自分」とが話しているわけです。そのせりふを全部声に出している。

舞台を経験した人や、特に一人芝居をやったことがある人だったら、ぱっとつかめるんでしょうが、なにしろ、こういうかたちのものはまったく初めてなので、台本をいただいたときは、すごく戸惑いました。一一九本目で一番難しい役にぶつかった、と思いました。

せりふの中にも「自分の思い」と「実際にあった過去のことを話す部分」があり、そこに、さらに「息子が入り込んできた世界での会話」が加わるわけです。そういう重層的な世界を作っていくことの難しさを、毎日感じ続けた現場でした。

どうしてあの娘《こ》だけが幸せになるの?

この映画の中で、私にとって、とても大切なせりふがありました。

息子の恋人だった女性から、別の人と一緒になるという報告を受けた母親が、息子の亡霊に「でもどうしてあの娘だけが幸せになるの? おまえと代わってくれたらよかったとに」と、激しく叫ぶせりふです。

このせりふは、初稿にはなくて、第二稿で付け加えられました。強烈な言葉で、現場のスタッフの中にも、このせりふはない方がいいという意見もあったようですが、私はすごく人間っぽくってあった方がいい、と思いました。母親の気持ちはとてもよく分かります。母親にとってその言葉を言うか言わないか、役を演じる俳優にとっても、この言葉は、体の芯から絞り出して言う言葉なんです。

「おまえと代わってくれたらよかったとに」と言った後、母親は息子から諭されて「私は間違ってる。母さんは悪い人、本当に悪い人よ」と悔いて、悲しみの中に伏して眠ります。母親の中の善と悪との葛藤です。「代わってくれたらよかった」というのも、本当は誰かに言っているわけではなくて、自分の中で言っているんですけど、もう一人の自分が、「それはだめなんだ、そんなこと言ったらだめなんだ」と、自分を否定して、「ああ、私は悪い人」というふうになっているわけです。

映画が封切られた後で、山田監督は「『私は間違ってる』をもっと何度も言ってもらえばよかったかな、と、今、僕は思っているんですよ」と、おっしゃるんです。監督は常にそうなんです。一つのせりふ、一つの言葉を、考えて考えて考え抜く。息子が階段のところに現れて、原爆が落ちたときの状況を話すせりふも、何度も号外が出て「もう恐ろしうて、恐ろしうて」ということにいったん決まり、リハーサルまでやった後に、「長崎の町はね、もう……地獄」と言ったまま何も言えなくなっちゃう、と変わりました。せりふが急に変わると号外が来るんですが、その日の午後に撮る場面について、午前中に号外が来ることもあるんです。

若いころは余裕もないし、せりふに疑問を感じるということは、まずなかったです。どんな突飛なせりふでも、ぱっと言えましたし、それでよかったと思います。第六章でもお話ししたように、映画の『夢千代日記』で、浦山さんと意見が食い違ったときから、せりふに対するこだわりが生まれたのかもしれないですね。

本当に息子がよくて

『母べえ』『母と暮せば』、そして『北の桜守』と、いろんな母親役をやることになりましたが、私は現実には母親ではないんです。加藤登紀子さんにお子さんが生まれたとき「小百合ちゃんも子どもをつくりなさいよ」と言われたことがあるんですけど、そのころは自分は母親になる資格がないのではないかと、思っていたんです。両親とのことはまだ自分で総括できてないのですが、私は、母親と非常に特殊な親子関係だったと感じていたので、自分が子どもを持ったときにどういう母親になるかが、ちょっと怖かったということもあります。やっぱり、どこかで完璧な母親になりたいと思っていたから、もし、子どもが自分の思うような子どもになってくれなかったときにどうしようとか、いろんなことに自信がなかったんです。

母は二〇〇五年に他界しましたが、東京大空襲の直後に生まれた私のために、母が自分の着物と引き換えに農家から牛乳を分けてもらった話などは昔から聞かされていました。でももっと大事なこと、戦争中のことを聞いておけばよかったと悔やみました。だから、母親役を演じるときには、亡くなった母親のことを頭に描いているのかもしれません。

でも、作品の中ではいつも、子どもたちに恵まれて、助かりました。『母べえ』の勉強ができるお姉ちゃん、初べえ（志田未来《みらい》）、やんちゃな妹、照べえ（佐藤未来《みく》）の二人は、本当に対照的な姉妹でしたし、『母と暮せば』も、本当に息子がよくて。

山田監督に『母と暮せば』のお話を伺ったときに、まず「息子はどなたに?」と聞いたんです。そしたら監督が「二宮和也君に頼もうと思うんですよ」とおっしゃったので、「わあ、それはもう絶対いいですよ」と答えたんです。でも、なかなかお返事がなかったんで心配していたら、最終的にオッケーになったので、とても嬉しかったです。

撮影に入ると、二宮さんが、何て言うのかな、べたべたじゃなくて、自然なかたちで、うまく、なついてくださったんです。「なついて」なんて言うと、彼のファンに叱られるかもしれませんけど。本当に、いい距離感でいられたし、撮影が終わった後でも、お互いに思いが残りました。今でも、彼は超アイドルだけど、人間としても、もっともっと幸せになってもらいたいと願っているのだから、尋常の共演者ではないんです。それくらい素敵な青年と一緒だったから、私もいろいろ欠陥はあるけれど、息子のことをいちずに思う母親を、何とか演じきれたかなと思います。

二宮さんはじめ共演者は皆さん素晴らしかったんですが、最高だったのは、「上海のおじさん」役の加藤健一さんでした。

いい人なんだけど、ちょっとずるくて、あの時代を生きていけるエネルギーを持った人を、見事に演じられてました。私がやったお母さんも、実は少しずるいんです。おじさんに、よく思われていれば、食べ物も手に入るし、いろいろ助かるという思いがあって、ちょっと利用しているわけです。それを「ずるかよ。そういうの母さんらしくなか」と息子に、実は自分の中のもう一人の声に怒られるんですけど、加藤さんとの掛け合いは、やってて楽しかったです。リハーサルのときは、笑っちゃいけないところでも笑い過ぎちゃって。加藤さんのうまさは、きちっと演技を組み立てていく中での面白さですね。

私は初共演でしたが、監督がどうしても「上海のおじさん」は、加藤さんでやりたいということで、舞台がその時期入っていたのに、スケジュールを合わせていただいたんです。加藤さんじゃなかったら、天国から渥美清さんに戻ってきてもらわなければ、と思うほどでした。

太るのは難しい

『母べえ』でもダイエットした話をしましたが、『母と暮せば』も、やせ衰えて、最後は死んでいく役ですから、二キロくらい体重を落としたんです。私は、余分なものを食べないようにすると、少しずつやせられるし、食事の炭水化物とか糖分をうんと減らせば、やせられるタイプなんですが、もともと四五キロくらいしかないので、結構大変なんです。

そういえば市川崑監督の『つる 鶴』のときも、自分でその方がいいと思って減量したら、貧血を起こしそうになって、ふらふらしちゃったもんですから、市川さんから「そんなにやせんでもええよ!」って言われました。

あのときは、食べないで走ったりしたから、ちょっとしんどかったですけど、『母と暮せば』では、そんなにすごいアクションの芝居があるわけではなかったですから、大丈夫でした。

逆に太ってほしいと言われたのは、『青春の門』のときです。浦山さんから、「もうちょっと太ってくれ」って言われましたけど、太れませんでした。あのころは、今よりももっとやせていたんですけど、心のどこかに太りたくないというのがあるんですね。やっぱり女心というか。

日活で忙しくしていた若いころ、虫垂炎の手術をした後に、太っていたこともあるんです。そのときはケーキを一日に五つも六つも食べてましたから。でも『青春の門』のころは、そういう食べ方はまったくできなかったし、どうやったら太れるのか、と思いましたが、なかなかいい手だてが見つかりませんでした。やせるっていうのはそんなに大変なことではないんですけど、太るのは体に負担がかかるんです。太るのは難しいです。

女優をやるというのは、体に悪いこともやらねばならないということです。たばこの話は先にしましたけど、とにかく一番きつかったのは、寝られないことでした。一〇代のころ撮影で睡眠時間が三、四時間とか徹夜とか、そういうのは当たり前でしたから。今はそういうことはほとんどないですが。

この前テレビを観てたら、『あゝひめゆりの塔』で共演した藤竜也さんが、あの映画の地雷爆破のシーンで死にかけたと話されていましたが、本当にあの作品は、スタントマンもいなくて、死と向かい合わせのような大変過酷な撮影だったんです。私も、撮影用の手榴弾《しゅりゅうだん》で友人と抱き合ったまま自決する最後のシーンで、雷管を口できゅっと抜いて、それを自分の胸に当てるというところで、すごく緊張して、パニックになって本当は体から離して押さなきゃいけないボタンを、雷管を抜いたとたんに押しちゃったんです、それで頬をやけどしました。かなりひどいやけどだったんですが、どうしても撮影を続けなければいけないというので、病院にも行かないで、その場で薄い絆創膏《ばんそうこう》を貼って、その上にまたドーランをつけて撮影しました。モノクロの映画だったから何とかごまかせたし、自分自身が若かったから、やけども治りましたけど……。そんなこともありました。

「つらい」つながりで思い出しました。若尾文子《あやこ》さんが溝口健二監督の『赤線地帯』(56)で、どうしてもオッケーが出ずに死にたくなったというお話を読みましたが、私も、同じような経験が一度あるんです。

中村錦之助さん主演の伊藤大輔監督の『幕末』という映画で、衣装合わせをしていて、監督から「衣装の着方がだめ」って、何度も着直しさせられました。監督は、どこがだめなのかはおっしゃらないんですよ。でも、後で分かったのは、私はきちっと衣装を着てたんですが、監督はそうではなくて、生活の中でもっとぐずぐずになったように着てほしかったらしいんです。きれいすぎるということで、何度も何度も、着直しをさせられて……。それは、撮影に入る前の一日だけのことなんですが、どうすればいいんだろうと悩みました。二四、五歳のころでしたから、時代劇の着物の着方に慣れてなかったというのはありますが、どこが悪いと言われないで、だめと言われるのは、きつかったです。

そういえば、岸惠子さんからも『おとうと』(60)のとき、市川崑監督に、同じようにだめを出されたと伺ったことがあります。日活の監督さんはどっちかというと、そういうタイプじゃない方が多かったし、二、三週間で映画を作り上げなくてはいけないという時代でしたから、そういうことは言ってられなかった、という事情もあったのでしょう。

「戦後」という言葉を大切に

私は一九四五年、日本が敗戦した年に生まれ、戦後とともに年を重ねてきました。私の中には、戦争の時代が再び来ないように、「戦後」という言葉を大切にしたいという思いが強くあります。山田監督は、平和を守っていくためには、戦争の歴史からもっと学ばなくてはならない、と発言されています。私も、映画の仕事をしていく中で、常に、そうした歴史に関わっていきたいという思いがありました。

二度と日本が主導権を持って戦争を起こすことがないように、とずっと願ってきましたが、戦後七〇年を過ぎるあたりから、戦争の足音がどんどん近づいてきているようで、とても怖い気がします。『母べえ』のように、戦争に反対すると投獄される時代が再び来ないために、『母と暮せば』のような原爆の悲劇を繰り返さないために、『北の桜守』のように民間人が戦争に巻き込まれる事態を二度と到来させないために、平和のために役立つことを発信し続けていかねばと思っています。

映画の仕事とは別に、原爆詩の朗読や、福島の原発事故の被害者の方たちを励ます活動はライフワークとして、ずっと続けていくつもりです。

戦争がない世界、核兵器がない世界を目指して、平和の大切さを訴え、平和への思いを次世代につなげることに、少しでも役立てれば、と願っています。

＊　＊　＊

こんなにお話ししたのは初めてです。私は、過去を振り返るのは本当は好きではないんです。過去の作品を観ていると、それに浸ってしまって次へ進めないというのもあるし、本質的には俳優という仕事は、画面に出て、それを観てもらうだけでいいと思ってるんです。俳優が、あまり自分の演技を説明しなくてもいいと思うんです。

でも、今回は、これから映画を観たり、映画人になろうと思ってくださる方がいたら、私の話が少しでも参考になることがあるかしら、と思ってお話をしました。こんなふうに映画作りをしてきたんだとか、こんなことを考えてきたんだとか、自分では書けないことっていっぱいありますから。それに、このような機会に、映画を見直して、自分にとっても次に進むための栄養になったかな、と思ったこともありました。

デビュー作の『朝を呼ぶ口笛』から『北の桜守』まで、一二〇本の映画に出たわけですが、達成感というのはまだないです。自分の中ではいつも、もうちょっとよくできたのではないか、という思いがあって、やっぱり何年かたたないと消化できないんです。すべての作品でそうなんです。

最近は、私自身も心身の衰えを感じることは確実にあります。でも、そういうときはあせらずに、自分を受け入れ、今の自分の力に合わせていくのが大事だと思っています。残り時間は、考えてもその通りにいかないので、考えません。

映画女優として、この先、どう歩んでいくのか。それは、まず一二〇本目となった『北の桜守』をじっくり自分の中で消化した後で、見えてくるのだと思います。

『北の桜守』撮影日記

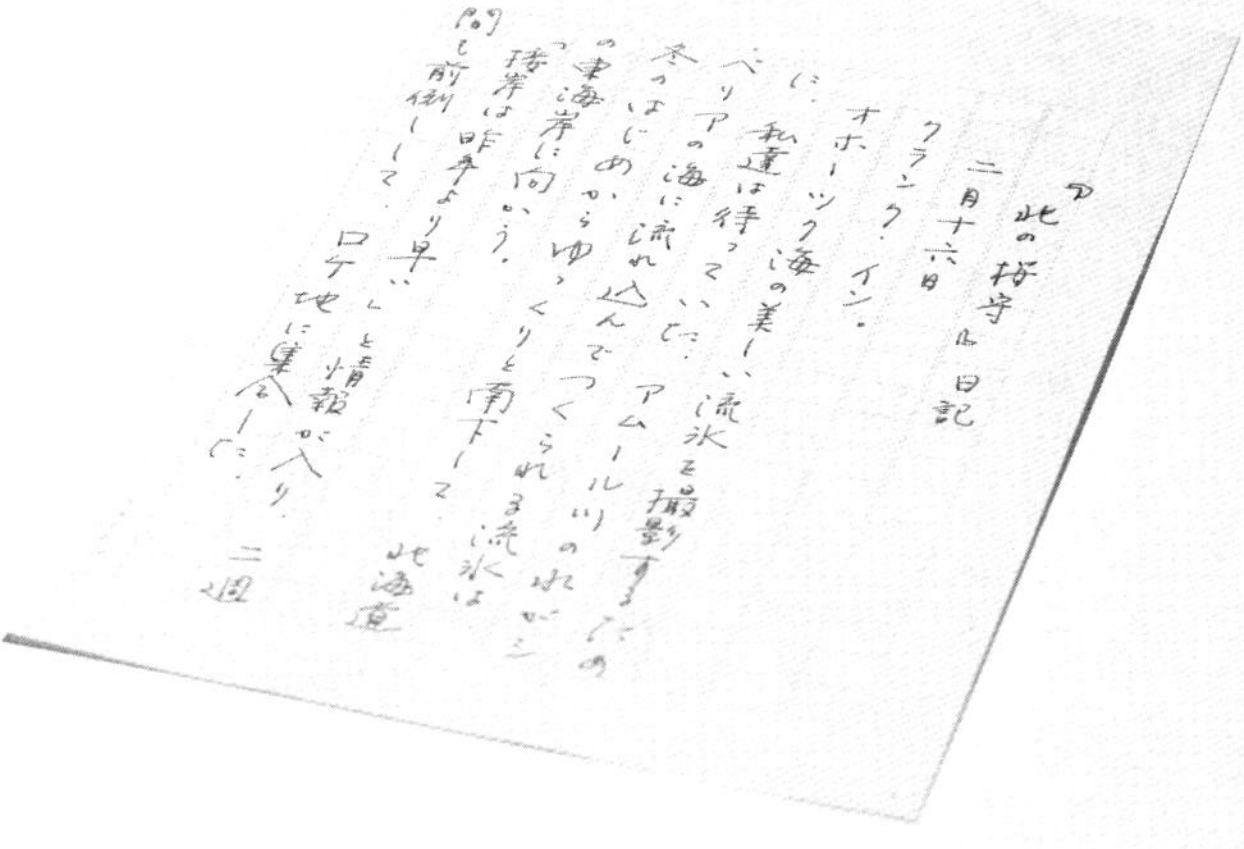

撮影日記の直筆原稿

二月十六日

クランク・イン。

オホーツク海の美しい流氷を撮影するため、私達は待っていた。アムール川の水がシベリアの海に流れ込んでつくられる流氷は、冬のはじめからゆっくりと南下して北海道の東の海に向かう。「接岸は昨年より早い」と情報が入り、二週間も前倒ししてロケ地に集合した。

思い返せばあの日、一年前の二月、私は網走の監獄博物館の前の坂道で転倒してしまった。案内係の方から「滑りますよ、気をつけて下さいね」と注意されたのに、雪道は慣れているからと自分を過信していた。

私の手首は、まるで〝ユリ・ゲラーのスプーン曲げ〟の様にくねくねと曲がり、その場で私は必死に手を元に戻そうとしたのである。でも叶わなかった。見事に、生まれて初めて骨を折った。

滝田監督や、シナリオの那須真知子さんと砕氷船の上から流氷の漂う海を見て「すてきな映画になる」と心が躍っていた。気持が高ぶって、足元のことなどすっかり忘れてしまったのだ。

東京に急遽《きゅうきょ》戻り、日本一の先生に手術をお願いした。成功！　そして少しずつ少しずつ手首は回復していった。

二カ月足らずで泳げるようになり、体力も戻って、百二十本目の映画に備えることが出来た。

そして今日、溢れる思いの中で、スタッフからの連絡を待つ。朝七時。無情にも昨日は接岸していた流氷が、沖に逃げて行ってしまったと言う。

八才の息子修二郎と、戦争の後の苦しいなか、闇米を配ぶシーンに変更になった。

網走郊外の原生牧場で私は橇《そり》を引く。息子は後から押す。夕暮れを待っての撮影で、積った雪はアイスバーンになっている所もある。滑ってはいけない、転んではいけないと慎重に、足を運んだ。でも私の演じるてつは猛母。逞《たくま》しく息子をリードしなければ。

八時に撮影は終了した。「どうか明日は、流氷が戻って来てくれますように……」と祈った。

二月二十一日

流氷が、能取《のとろ》岬の海岸線をぎっしりと埋めつくしている。帰って来てくれた。待ちに待っていた私達は、ロケを始める。シベリアに連行された夫を想い、息子と二人、オホーツクの海岸に立つてつ。頰を打つ風、海からの横なぐりの雪にたじろぐ。五年前、礼文島で遭遇したブリザードに比べれば何でもない、大丈夫と自分に言い聞かせ、足を精一杯踏ん張った。あの時は立つことも出来ない程辛くなって、雪嵐が通り過ぎるまでスタッフに支えてもらった。

寒い。辛い。でも私はこんな場所に身を置いて撮影することが好きだ。自然の大きな力を感じ、心が透き通って行く。

北のシリーズ三作目の厳冬ロケが終わった。

四月二十三日

いよいよ、春・夏編のためのリハーサルが始まった。冬ロケのあと慣れない橇を引いた為か腰が張って、疲れが溜まっている。以前はこんなことは無かったのに……。苦手だったジムで生まれて初めてマシンのトレーニングを始めた。三十年近く水泳を一緒に習っていた仲間たちも、今、ジムにはまっている。恐る恐るバーベルを持ち上げ、スクワットをしてみた。確かに泳ぐのとは違う筋肉を使う様に感じる。

腹筋も、バランスボールを使って今までと違う形を習った。十五回を四セット……数は少ないのに効いている様に思う。春・夏編では、又、アクションシーンが待っている。動ける身体に戻さなければ。

堺さんと隣合わせに並んで座り、本読みをする。十八才の時に追い出すようにして別れた息子と十五年ぶりの再会のシーンは、声を出して読んでいるうちに胸が熱くなった。

四月二十七日

リハーサルが続く。今日はシーン2。

一九四五年、樺太での夫婦と子供二人の幸せな家庭を戦争が押し潰して行く。人々が合唱隊として白いガウンをまとって歌っている場面から、一転してソ連軍が攻めてくるシーンにかわる。夫役の阿部寛さんが私のガウンをさっと引き抜くとモンペ姿に早替り。数々の大きな演劇を経験していらっしゃる阿部さんだから安心して委ねることが出来る。

樺太のシーンは映画で描くにはあまりに厳しく辛いので、舞台のシーンとして撮影される構成になったのだ。

大泉の一番大きなステージに舞台が作られ、観客席側に舞台部分演出のケラリーノ・サンドロヴィッチさんを始めとして、舞台監督、照明、音声など、演劇のスタッフが私達を注視している。

面白い、楽しい。一週間続いた舞台シーンのリハーサルで、小学校の学芸会のために一カ月放課後に稽古した日々を思い出した。あの時は児童劇だったけれど歌もいっぱい入って、ミュージカル仕立てだった。高校を卒業したら劇団の試験を受けてみようかと考えたこともある。

二十代の半ばに声帯の神経マヒを患い、企画されていた舞台を断ってしまったが、もしあの時、声の異常がなかったら、と思うと不思議な気持になった。私は違う道を歩いていたかも知れない。

舞台のシーンを撮影するのは六月の末、それまでにしっかり歌と振り付けを覚えておかなければ。

五月二十七日

道北の居酒屋のシーン。鶴瓶さんが居酒屋の主人として、特別出演して下さる。一シーンだけで演じ難いと思うし、「申し訳ない」「有難う」という気持でいっぱいになる。『おとうと』で姉弟になってから、いつも気になっている。忙しすぎないのか、飲み過ぎていないか、睡眠時間は足りてるかしら。

今日もこちらのスケジュールの変更で迷惑をかけたのに、無理をして朝の飛行機で駆けつけて下さった。

てつと修二郎が、重い過去の記憶を呼び戻すために旅をする、という場面だった。てつは酒を飲み、息子との旅に心が躍っている。息子はさり気なく父親のことを尋ねる――ちょっと酔っ払ったてつは記憶を辿ろうとした。

〝てつ〟は、私の祖母の名前だった。『北の零年』は志乃、『北のカナリアたち』ははる。今回の桜守の私が演じる役は、企画書の時、〝○○子〟と付けられていた。

那須さんにお願いして、てつに変更していただいたのである。こんなこと言い出したのは初めてのことだった。

「子」が付かない方が三部作として良いのではないか、また劇中のてつは強い女、逞しい女性である。男性の名のような祖母の名前を使って欲しいと思った。

実際の祖母は、大人しい、耐える女性で、辛い人生を送ったように思う。私達家族と短い間だったけれど一緒に暮らした時、私はいつも仕事場に祖母の手作りのお弁当を持って行った。とびっきり美味《おい》しかった。

百二十本目ということで、我儘《わがまま》を言った。「てつさん」と共演者達から役名を呼んでもらうと、祖母が私に寄り添ってくれているように感じる。

五月二十八日

クライマックスシーンの撮影。

老いて桜守になったてつと事業に成功した修二郎が、満月の夜、桜の樹の下で再会する。ああ、大変、まだ撮影は半ばなのです。山田組だったら、こんなシーンは必ず撮影最終日近くにセッティングされるけれど、仕方ない。素晴しい共演の方達が一堂に会するシーンなので、スケジュール調整が難しかったのだ。

気負わずに、さわやかな気持で演じられた。てつを支えてくれた人達に感謝の気持を持ち、遠い遠い昔の記憶を抱きしめる。篠原涼子さん、岸部一徳さん、そして佐藤浩市さんが、万感の思いで私を、てつを見守ってくれた。

身体の中の邪念が、咲きほこった桜の花びらに吸いとられて、透き通っていく様だった。

六月六日
セットを中断して、春・夏編のロケのため稚内に到着し、その足で空港近くのロケセットを訪ねる。
四人の家族が和やかな日々を過ごしていた樺太、恵須取《えすとる》の家が立派に出来ていた。青い屋根と白樺の樹々は、まさに昨年の秋に訪れたサハリンの雰囲気だった。家の中に入るとペチカまで造られている。戦争がなかったら、家族はずっとここで暮らしていたに違いない。

外に出ると陽が落ちてきて、刺すように風が冷たかった。もう六月なのに……。『北の零年』の六月、徹夜でロケした夕張の地で、誰の口からも白い息が洩れていたことを思い出した。

明日からのロケ準備に走り廻るスタッフみんなの服装が、薄い。助監督唯一人の女性があまりに寒そうだったので、思わず声を掛けた。「頑張って木村ちゃん！」

宿へと車を走らせると、エゾ山桜が民家の庭や道の脇に咲いていた。「今年は春が遅かったんで、まだ残っているのですよ」と、ドライバーが教えてくれた。

野寒布岬《のしやっぷ》を廻って宿へ向かう。海の向こうに利尻島。『北のカナリアたち』の思い出がいっぱい埋まっている。

国道からすっとホテルへの道に入って驚いた。鹿が、十頭を超える鹿が、のんびり草地に座って私達を見ている、逃げない。

なんだか嬉しくなり、明日からのロケが待ち遠しくなった。

六月十三日

一昨日のリハーサルは厳しかった。信じられない程の風がサハリンの方から吹いて来て、気温もひとけた。こんな所で撮影したら、心臓が止まってしまうかも知れない。死んじゃう――そう思った。堺さんも多分同じ気持でいらしたのではないかしら。

私達のスタンド・インの方達が、たじろぎもせず、海に入って行く。監督とカメラマンは二人に大声で指示を出していた。堺さんと私は、風よけのボードにしがみつきながらそれを見守った。

今日は抜けるような快晴で波もあまりない。気温もずっと暖かい。大丈夫、大丈夫と自分に言い聞かせ、まっすぐに海に入った。

辛い記憶を封印していた母が、壮絶な過去の出来事を思い出し、懺悔するように沖へ向かう。岸で見ていた息子は必死で母を止めようとする。やり直しの利かない撮影だった。海は意地悪で、なかなか前進出来ない、走ることも出来ない。砂や石に足をとられ転びそうになったけれど、強引に沖へ向かった。

息子に抱きすくめられて、母は泣いた。

風も太陽も海も、私達をサポートしてくれて、無事に撮り終える。堺さんは今日ですべての撮影が終了なのだ。海の中なのに、私は彼に抱きついて、「おつかれさま」と叫んだ。

よかった！　このままサハリンまで泳いで行こうか。

六月二十六日

四月にリハーサルを重ねた劇場シーンの撮影が始まった。

樺太の家を追われたてつと子供達が、鉄道の駅までひたすら歩く。ソ連兵が迫って来た。

ソ連兵を演じるのは、小野寺修二さん率いる八人のパフォーマー。パントマイムをベースにした見事な動きで、張りつめた空間を作りあげている。次の瞬間パフォーマーは日本人の看護婦に早がわりして、追い詰められた彼女たちは自決する。

一緒に出演していて、圧倒された。一言も喋《しゃべ》らずに最高の表現で舞台を創り上げて行く。動きに一分の隙もない。日頃どんなトレーニングを、稽古をしているのかしら、音もさせずにさっと着替えて、滑るように動いて行く。

映画の世界にいる私は、その日の風に吹かれ、太陽の光を浴び、共演する相手の台詞《せりふ》を受け止める。日々状況は変化しているのだ。「表現する」ということの面白さ、奥の深さを、舞台の上でしみじみと感じる一日になった。

七月四日

六カ月近い期間、ひたすらに取り組んだ滝田組の撮影が終わった。長かった。どんなことがあっても撮影に穴を空けないように――それが私のテーマの一つだった。一日一日集中して撮影に取り組んだ。スタッフの方達も、妙齢？　の私にとても気を遣って下さった。普段現場にはいない大勢の方達からも、さし入れを頂いたり、ロケ現場に来て下さったり、励まされた。

一度だけ危機があった。五月の埼玉県ロケで桜の樹の下にうずくまるシーンだった。夕方から夜十時ぐらいまで殆《ほと》んど同じ姿勢で足を曲げていたので、深夜帰宅すると膝の裏が痛かった。次の日は千葉県での撮影。とんとんと進んだので早く帰って来たけれど、何だか足が腫れている、おかしい。

そして翌日、共演者がインフルエンザになって、撮影は中止になった。疲れが溜まっていたから嬉しい。けれども足は更に腫れがひどくなっていた。

病院に行くと、血管外科に廻され、静脈血栓が出来ているかも知れない、長時間動かなかったことでエコノミー症候群になっているかもしれないからと、検査を受けた。

仰天した私だけれど、一週間しないと結果は判らない。毎日毎日不安を隠して撮影を続けた。大丈夫だと判った時の嬉しかったこと。また一つ教訓を得た思いがする。

滝田監督はとても明るい方。笑い声が絶えない。若いスタッフ、女性スタッフも多くて、心強かった。そしてこの組の特徴は、記念写真の多いこと。ロケでも、セットでも何度も何度も全員集合写真を撮った。あの厳寒の網走の海岸では、皆の鼻の頭も頬も真っ赤。稚内のロケセットでは、皆、穏やかな顔をしている。

今日の撮影はスタジオにプールを作り、その中で、海に放り出された私達親子の厳しいシーンだった。敵の攻撃で多くの方達が亡くなった史実の再現に、全員緊張して取り組んだ。無事終了し、水の中では記念写真を撮ることも出来ないので、プールから上がり、ずぶ濡れのまま監督から花束をいただいた。

撮影部さんはまだ北海道のあちこちへ実景を撮りに行く。録音部さんもスクリプターさんもまだまだ大きな仕事が残っている。

私は来年の三月の公開に向かって、多くの方に見ていただける様、歩みを続ける。

そして、公開された映画館をひっそりと訪れ、観客としてこの作品を見つめるでしょう。何度も何度も。

幕は、いつ下りてくるのか、今の私には見えない。流氷のように、ゆったりと流れて行きたいと思っている。

あとがきにかえて

生まれて初めて映画を観たのは、小学校に上がった頃、ディズニーのアニメーション映画『バンビ』でした。母に手を引かれ、未知の世界にそっと入るように映画館の扉を開けたのです。

仔鹿バンビの愛らしい姿に心が躍り、物語に引き込まれました。けれども山火事のシーンになって、あまりの迫力、強烈な赤い炎におびえ、おいおいと声をあげて泣き出してしまったことを覚えています。

記憶の中でいつも私の中にあるのは、夏休みに学校の校庭で観た『二十四の瞳』でした。子供たちと大石先生の絆に心を奪われ、大好きな童謡が全編に流れる中で、戦争の犠牲になっていく登場人物たちに胸を痛めたのです。映画に強い憧れを抱いたのは、あの時でした。

今、長い年月を経て、私が映画の世界で仕事をしていること、映画俳優であることを不思議に感じる瞬間があります。

幾度も「もう仕事は続けられない」という局面がありました。声を失ったとき。事務所で自主製作しようとした映画を中止し、多くの映画人に迷惑をかけたとき。そしてスキーで顔面制動して、お岩さんのような顔になってしまったとき……。その度に先輩や仲間たちから大きな力をいただき、難関を乗り越えることが出来たのです。幸運でした。

せっかくここまで歩いて来たのですから、傷んできているパーツを労りながら、もっと地道な努力を続けなければと思います。

今まで以上の集中力と情熱を持って、明日に向かいます。

粘り強くインタビューして下さった立花珠樹さん、長いお付き合いの中で初めて本作りを御一緒した落合勝人さん、ありがとうございました。

吉永小百合

二〇一八年、春

解説「今もひたむきに走り続ける――唯一無二の大スター」

立花珠樹

吉永小百合さんにとって、二〇一八年は、映画デビューから六〇年目を迎える記念すべき年になった。

デビューの翌年、八本目の出演映画『ガラスの中の少女』で初主演した吉永さんは、以降、さまざまなヒロインを演じて多くのファンを魅了し続け、一二〇本目の出演映画となる新作『北の桜守』では、強く美しい母親を演じている。

これほど長期間にわたって、多くの映画に主演している女優は、日本映画界はもちろん、世界の映画界でも稀有《けう》な存在だろう。さらに、吉永さんのユニークなところは、長いキャリアにもかかわらず舞台にはまったく出たことがなく、テレビドラマも、笠智衆さんとの最後の共演になった一九八九年の『春までの祭』以降は出演していないことだ。吉永さんは、まさに、映画一筋に生きてきた「映画女優」なのだ。

だが、もちろん、六〇年に及ぶ映画女優人生は平坦な道のりだったわけではない。過労とストレスで声が出なくなったこともあれば、映画への情熱を失いかけていた時期もあった。そうした危機をどのように乗り越えてきたのか？　ぜひ、本文の吉永さん自身の言葉を読んでほしい。

一〇代で国民的な人気女優になり、今もなお主演女優としてスクリーンの中で輝く――。

解説では、そんな吉永さんの魅力や女優としての個性について、いくつかのキーワードを手掛かりに考えてみた。吉永さんが自分自身では語りづらい部分について、外側からライトを当てて照らし出すことができれば、と願っている。

お嬢さん

吉永さんの映画デビュー作は、五九年の松竹作品『朝を呼ぶ口笛』だ。新聞配達の少年が主人公で、吉永さんは少年が新聞を配る一軒家に住むお嬢さん役だった。貧しい少年を励まし、父親の転勤で引っ越す前には、心のこもったプレゼントを手渡す。少年からすれば〝高嶺の花〟かもしれないが、そんなことを感じさせないような清らかで優しい少女だ。

吉永さんは翌年、高校進学と同時に日活に入社し、本格的に映画女優の道を歩み始めたが、デビュー作と同じようなお嬢さん役をその後何度も演じることになる。しかも、相手役との関係も似ている。例えば初主演作で、浜田光夫さんとの初のコンビ作でもある『ガラスの中の少女』の「大学助教授の娘」と「町工場で働く少年」、同じく浜田さんとのコンビの悲恋ドラマの秀作『泥だらけの純情』の「外交官の令嬢」と「チンピラ」などだ。

吉永さん自身は「私は裕福な家で育ったと誤解されることもあるんです」と言うのだが、映画を作っている大人たちは、吉永さんは恵まれた家庭で暮らす清らかで優しいお嬢さんが似合うと判断したわけだ。

その判断は決して間違っていたわけではないと思う。たまたま、お父さんが事業で失敗し、家計が逼迫《ひっぱく》していたのは事実だとしても、「母親がピアノを教えていましたし、私も中学までほとんど独学でピアノをやっていました」「小学校低学年のときに、児童合唱団に入って」いたという吉永さんは、本質的な意味では「育ちがいいお嬢さん」になるのではないだろうか。

それを鋭く指摘したのが、監督デビュー作『キューポラのある街』で吉永さんを起用した浦山桐郎監督だった。浦山監督は、撮影前に吉永さんに会い「貧乏について、よく考えてごらん」と、問いかけた。そして、「私の家も貧乏です。貧乏はよく知っています」と子役として家計を支えていた吉永さんが答えると、「君のところは、山の手の貧乏だろ、下町の貧乏っていうのがあるんだ」と諭したという。

その言葉の正しさを、吉永さんは撮影を通して知ることになる。『キューポラのある街』で、吉永さんが演じたのは、デビュー作の『朝を呼ぶ口笛』の少年に近い境遇で暮らす中学三年生、石黒ジュンだ。それまでの恵まれた家庭のお嬢さんとは違い、「下町の貧乏」の中で健気に生きるジュンをリアルに演じたことで、吉永さんは日本中の庶民のアイドルになった。

このあたりのことは、四九年に北九州市の工業地帯に生まれた僕には実感としてよく分かる。『キューポラのある街』が公開された六二年は、日本中に「下町の貧乏」が溢れていた。でも、今ほど豊かではなくても、皆が前向きで、理想や明るい未来を夢見ることができるような若々しい時代だった。ジュンは、そんな時代の空気にぴったり合った、僕らのすぐそばにいるかもしれないような身近なヒロインだったのだ。

走る少女

前項で言い残したことがある。

「貧乏」をめぐるエピソードから伝わってくるのは、吉永さんがいかに頑張り屋だったかということだ。そのことは、当然、浦山監督も見抜いていたはずだ。

『キューポラのある街』の撮影にあたって、浦山監督がどのように吉永さんに向き合い、女優としての力を引き出そうとしたか。吉永さんが第一章で語った興味深いエピソードがある。

「ロケの初日の撮影は、いきなり、私が荒川の土手をぱーっと走るシーンから始まりました。

『ヨシエちゃーん』と同級生を追っかけて、『今日からパチンコ屋（のアルバイト）をやめるわ。（店に）言っといてくれない』と頼むところです。盲腸の手術をしてからそんなにたっていなかったということもあるんでしょうか。走っているうちに、貧血を起こしちゃったんです」

なぜ、初日の撮影を、走るシーンから始めたのか？　単純に技術的な理由だったのかもしれない。だが、僕は、ここに監督の狙いがあったように感じる。「ぱーっと走る」。それを何回か繰り返すことで、吉永さんが肉体を通してジュンになりきっていくことを期待したのではないだろうか。吉永さんの中の頑張り屋の部分に火をつけようとしたのではないだろうか。

そう感じるのは、映画のラストシーンにも、強烈なインパクトを与える吉永さんの「走り」があるからだ。それは、こんな場面だ。——鉄道の線路をまたぐ陸橋の上から、北朝鮮に向かう少年サンキチ（森坂秀樹）が乗る電車を見送ったジュンと弟のタカユキ（市川好郎）は、駅に向かって並んで走っていく。舗装された長い下り坂の道を全力疾走し、遠ざかっていく二人を、クレーンに乗ったカメラがロングでとらえ、画面に「終」という文字が出た後も、走り続ける二人の小さな姿がしばらく映り、映画が終わる。

三〇秒近い疾走が圧巻だった。走る姿は、せりふや表情以上に雄弁に感情を表現し、観客に何かを訴えかけてくるからだ。ジュンが全力で走る姿からは、若さや希望が伝わってきた。

『キューポラのある街』は、わずか一時間四〇分の映画とは思えないほど、さまざまな人間のドラマを見せてくれる傑作だ。吉永さんも素晴らしい。この作品でジュンというヒロインを演じただけでも、映画史に輝き続ける存在になったと言っていい。浦山監督は、吉永さんの中から、ジュンを引き出すことに成功したのだ。

それにしても、この作品をはじめ、日活時代の映画の中で吉永さんはよく走っている。インタビューの合間の雑談で「子どものころから走るのは好きだったんですか？　速かったんですか？」と尋ねたら、こんな答えが返ってきた。

「普通の徒競走はだいたい二位か三位なんですけど、障害物競走は、小学校のとき優勝しましたね」。障害物がある方が力を発揮する。いかにも、頑張り屋の吉永さんらしい。

石坂洋次郎文学

日活時代の吉永さんを語るうえで忘れてはならないのは、石坂洋次郎さん原作のいくつもの青春映画だ。

石坂さんは、戦前発表した長編小説『若い人』で人気作家となるが、右翼団体から不敬の文言があるとして攻撃され、当時勤務していた中学校の教職を辞すことになる。戦時下は、陸軍報道班員としてフィリピンへ派遣されたが、戦後の四七年、朝日新聞で小説『青い山脈』の連載を開始。東北地方の町を舞台に、民主主義の実現という理想に燃える若い女性教師と自由に生きようとする女子転校生らが、封建的な町のボスたちに敢然と立ち向かうストーリーが、戦後民主主義の象徴として人気を集めた。

吉永さんは、『若い人』や『青い山脈』をはじめ、『草を刈る娘』『光る海』『風と樹と空と』など、多くの石坂作品に出演。七七年の東宝作品『若い人』への特別出演を含めると、その数は実に一七作品に上る。

この数年間、これらの映画も見直してきた。ここでは、①石坂作品で演じた明るく活発な役柄は、実は吉永さんの素顔に近いところがある。②『青い山脈』に代表される戦後民主主義の精神は、吉永さんの生き方と重なっているところがある——という二点を指摘しておきたい。

さらに、六三年の『青い山脈』(西河克己監督)は、伝説的に語られる四九年の原節子さん主演作品より、映画的な完成度が高いのではないかということと、石坂さんが初めから吉永さんをモデルに小説を書いたという六四年の『風と樹と空と』(松尾昭典監督)は、吉永さんのコメディエンヌとしての才能を引き出した青春映画の傑作だということを付記しておきたい。もし、吉永さんの特集上映会を企画するなら、必ず入れてほしい作品だ。

一九六〇年

日本映画製作者連盟の統計によれば、吉永さんが日活に入社した六〇年、映画館の年間入場者数は一〇億一四三六万人だった。五八年の一一億二七四五万人からは減少しているが、まだ映画の黄金時代は続いていた。撮影所がいかに活気に満ち、映画を量産していたか、吉永さんが本文で語っている。

だが、この数は六三年には五億一一一二万人へと半減、六九年には二億八三九八万人にまで減る。テレビの普及が決定的な理由だが、娯楽の多様化、ライフスタイルの変化なども、映画離れの理由に挙げられている。

六〇年の春、一五歳で映画界に入った吉永さんは、このすさまじいまでの映画産業の退潮期の中で、青春期を過ごさねばならなかった。

アイドルから大人の女優への転換。日活からの独立。撮影所システムが崩壊する過程で新天地を求めたテレビの世界での、過酷なスケジュール。そうした仕事上の大きなハードルを越えながら、大学入学資格検定に挑戦し、二〇歳で大学生になる。そんな吉永さんのひたむきな生き方が、世代を超えた幅広い層の人々の共感を呼んだ。「サユリスト」という言葉が大流行したのもこのころだ。

声が出なくなったとき、渥美清さんの言葉に救われたこと、映画に対する情熱が失せかけたとき、高倉健さんに力をもらったこと、テレビドラマの代表作となる『夢千代日記』に出会い、そのことが原爆詩の朗読というライフワークにつながっていったこと、魔術師のような市川崑監督に新しい自分を引き出されたこと……。本文の吉永さんの言葉に耳を傾けてほしい。

いくつもの出会いや、転機を語る言葉からは、青春時代を送った撮影所と、日本映画に対する深い愛情が伝わってくるはずだ。

映画への愛と誇りと使命感

「映画の魔法みたいなものを体で教えてくれた方ですね。今でもそうですね」

『北の桜守』を撮り終えた滝田洋二郎監督がこう言った。そして、こんなエピソードを教えてくれた。

「吉永さんは、撮影中のラッシュを、毎回観にいらっしゃるんです。最近の若いスタッフは『ラッシュを観る』という習慣がなくなっているんですが、吉永さんに刺激されて、全員が観に来るようになりました」

一三歳で映画デビューした吉永さんは、今や大先輩として後輩に向き合う立場になった。吉永さんの中には、撮影所で育った最後の世代に属する女優であるという誇りと、自らが体験してきた日本映画のよき伝統を次代に伝えなければならないという強い使命感がある。

今も主演女優として輝き続けるのは、そうした映画への愛と誇りと使命感が、吉永さんを深いところで支えているからだろう。

国民的な人気女優になる。それ自体が想像を絶するようなことだ。だが、トップの座を長い間維持するのは、その何倍も難しいに違いない。吉永さんはそれを、自分自身をコントロールし続けることと、少女時代からの頑張り屋の精神を持ち続けることで、成し遂げてきた。

吉永小百合さんは、戦後の日本映画が生んだ、唯一無二、かけがえのない大スターだ。二年間、吉永さんのインタビューを重ねてきた者として、今、心からそう思う。

吉永小百合一二〇本出演作リスト

No.	作品名	公開年	監督
1	朝を呼ぶ口笛	一九五九	生駒千里
2	まぼろし探偵 地底人襲来	一九六〇	近藤竜太郎
3	拳銃無頼帖 電光石火の男	一九六〇	野口博志
4	霧笛が俺を呼んでいる	一九六〇	山崎徳次郎
5	拳銃無頼帖 不敵に笑う男	一九六〇	野口博志
6	疾風小僧	一九六〇	西河克己
7	すべてが狂ってる	一九六〇	鈴木清順
8	ガラスの中の少女	一九六〇	若杉光夫
9	美しき抵抗	一九六〇	森永健次郎
10	大出世物語	一九六一	阿部 豊
11	天使が俺を追い駈ける	一九六一	井田 探
12	花と娘と白い道	一九六一	森永健次郎
13	ろくでなし稼業	一九六一	齋藤武市
14	警察日記 ブタ箱は満員	一九六一	若杉光夫
15	早射ち野郎	一九六一	野村 孝
16	有難や節 あゝ有難や有難や	一九六一	西河克己
17	青い芽の素顔	一九六一	堀池 清
18	闇に流れる口笛	一九六一	牛原陽一
19	この若さある限り	一九六一	蔵原惟繕
20	俺は死なないぜ	一九六一	滝沢英輔
21	闘いつづける男	一九六一	西河克己
22	太陽は狂ってる	一九六一	舛田利雄
23	あいつと私	一九六一	中平 康
24	草を刈る娘	一九六一	西河克己
25	黒い傷あとのブルース	一九六一	野村 孝
26	さようならの季節	一九六二	滝沢英輔
27	上を向いて歩こう	一九六二	舛田利雄
28	キューポラのある街	一九六二	浦山桐郎

29	激流に生きる男	一九六二	野村 孝
30	赤い蕾と白い花	一九六二	西河克己
31	霧の夜の男	一九六二	松尾昭典
32	星の瞳をもつ男	一九六二	西河克己
33	あすの花嫁	一九六二	野村 孝
34	若い人	一九六二	西河克己
35	ひとりぼっちの二人だが	一九六二	舛田利雄
36	青い山脈	一九六三	西河克己
37	いつでも夢を	一九六三	野村 孝
38	泥だらけの純情	一九六三	中平 康
39	雨の中に消えて	一九六三	西河克己
40	俺の背中に陽が当る	一九六三	中平 康
41	伊豆の踊子	一九六三	西河克己
42	若い東京の屋根の下	一九六三	齋藤武市
43	美しい暦	一九六三	森永健次郎
44	波浮の港	一九六三	齋藤武市
45	真白き富士の嶺	一九六三	森永健次郎
46	光る海	一九六三	中平 康
47	こんにちわ20才	一九六四	森永健次郎
48	こんにちは赤ちゃん	一九六四	井田 探
49	浅草の灯 踊子物語	一九六四	齋藤武市
50	潮騒	一九六四	森永健次郎
51	風と樹と空と	一九六四	松尾昭典
52	帰郷	一九六四	西河克己
53	愛と死をみつめて	一九六四	齋藤武市
54	うず潮	一九六四	齋藤武市
55	若草物語	一九六四	森永健次郎
56	悲しき別れの歌	一九六五	西河克己
57	未成年 続・キューポラのある街	一九六五	野村 孝
58	青春のお通り	一九六五	森永健次郎
59	明日は咲こう花咲こう	一九六五	江崎実生
60	父と娘の歌	一九六五	齋藤武市

No.	作品名	公開年	監督
61	四つの恋の物語	一九六五	西河克己
62	大空に乾杯	一九六六	齋藤武市
63	青春のお通り 愛して泣いて突っ走れ！	一九六六	齋藤武市
64	風車のある街	一九六六	森永健次郎
65	私、違っているかしら	一九六六	松尾昭典
66	愛と死の記録	一九六六	蔵原惟繕
67	白鳥	一九六六	西河克己
68	青春の海	一九六七	西村昭五郎
69	恋のハイウェイ	一九六七	齋藤武市
70	君が青春のとき	一九六七	齋藤武市
71	斜陽のおもかげ	一九六七	斎藤光正
72	君は恋人	一九六七	齋藤武市
73	花の恋人たち	一九六八	齋藤武市
74	青春の風	一九六八	西村昭五郎
75	だれの椅子？	一九六八	森永健次郎

No.	作品名	公開年	監督
76	あゝひめゆりの塔	一九六八	舛田利雄
77	花ひらく娘たち	一九六九	齋藤武市
78	嵐の勇者たち	一九六九	舛田利雄
79	幕末	一九七〇	伊藤大輔
80	風の慕情	一九七〇	中村 登
81	青春大全集 愛とは何か	一九七〇	水川淳三
82	戦争と人間 第二部「愛と悲しみの山河」	一九七一	山本薩夫
83	男はつらいよ 柴又慕情	一九七二	山田洋次
84	戦争と人間 第三部「完結篇」	一九七三	山本薩夫
85	男はつらいよ 寅次郎恋やつれ	一九七四	山田洋次
86	青春の門	一九七五	浦山桐郎
87	新・どぶ川学級	一九七六	岡本孝二
88	若い人	一九七七	河崎義祐
89	皇帝のいない八月	一九七八	山本薩夫
90	龍の子太郎	一九七九	浦山桐郎

91	衝動殺人・息子よ	一九七九	木下惠介
92	動乱	一九八〇	森谷司郎
93	海峡	一九八二	森谷司郎
94	細雪	一九八三	市川崑
95	天国の駅	一九八四	出目昌伸
96	おはん	一九八四	市川崑
97	夢千代日記	一九八五	浦山桐郎
98	玄海つれづれ節	一九八六	出目昌伸
99	映画女優	一九八七	市川崑
100	つる 鶴	一九八八	市川崑
101	華の乱	一九八八	深作欣二
102	外科室	一九九二	坂東玉三郎
103	天国の大罪	一九九二	舛田利雄
104	夢の女	一九九三	坂東玉三郎
105	女ざかり	一九九四	大森宣彦
106	霧の子午線	一九九六	出目昌伸
107	蓮如物語	一九九八	葛西治
108	時雨の記	一九九八	澤井信一郎
109	長崎ぶらぶら節	二〇〇〇	深町幸男
110	千年の恋 ひかる源氏物語	二〇〇一	堀川とんこう
111	北の零年	二〇〇五	行定勲
112	母べえ	二〇〇八	山田洋次
113	まぼろしの邪馬台国	二〇〇八	堤幸彦
114	おとうと	二〇一〇	山田洋次
115	手塚治虫のブッダ —赤い砂漠よ！美しく—	二〇一一	森下孝三
116	北のカナリアたち	二〇一二	阪本順治
117	BUDDHA2 手塚治虫のブッダ —終わりなき旅—	二〇一四	小村敏明
118	ふしぎな岬の物語	二〇一四	成島出
119	母と暮せば	二〇一五	山田洋次
120	北の桜守	二〇一八	滝田洋二郎

章扉デザイン、出演作リスト組版／ＭＯＴＨＥＲ

吉永小百合（よしなが さゆり）

一九五九年『朝を呼ぶ口笛』で銀幕デビュー。以来、『キューポラのある街』、『愛と死をみつめて』、『動乱』、『細雪』、『華の乱』、『長崎ぶらぶら節』、『北の零年』、『母と暮せば』など一二〇本の映画に出演。

立花珠樹（たちばな たまき）

一九四九年生まれ。映画評論家・共同通信社編集委員。著書に『若尾文子 〝宿命の女〟なればこそ』、『岩下志麻という人生』、『新藤兼人　私の十本』、『厳選 あのころの日本映画101』、『女と男の名作シネマ』など。

集英社新書〇九二二F

私《わたし》が愛《あい》した映画《えいが》たち

二〇一八年二月二一日 第一刷発行

著者……吉永小百合《よしながさゆり》　取材・構成……立花珠樹《たちばなたまき》
発行者……茨木政彦
発行所……株式会社集英社
東京都千代田区一ツ橋二-五-一〇　郵便番号一〇一-八〇五〇
電話　〇三-三二三〇-六三九一（編集部）
〇三-三二三〇-六〇八〇（読者係）
〇三-三二三〇-六三九三（販売部）書店専用

装幀……原 研哉
印刷所……大日本印刷株式会社　凸版印刷株式会社
製本所……加藤製本株式会社
定価はカバーに表示してあります。

 ISBN 978-4-08-721022-4 C0274
Printed in Japan

a pilot of wisdom

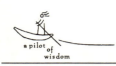